Le Québec 100 en coups de cœur

CAR ACT ÈRE

Conception graphique et conception de la couverture : Bruno Paradis
Illustrations : Daniel Rainville
Mise en pages : Chantal St-Julien
Photos de la couverture : Istockphoto
Révision : Natacha Auclair
Correction d'épreuves : Anik Tia Tiong Fat

Imprimé au Canada
ISBN : 978-2-89642-240-1

Dépôt légal – Bibliothèque et Archives nationales du Québec, 2009
© 2009 Éditions Caractère

Gouvernement du Québec – Programme de crédit d'impôt pour l'édition
de livres – Gestion SODEC

Nous reconnaissons l'aide financière du gouvernement du Canada par
l'entremise du Programme d'aide au développement de l'industrie de
l'édition (PADIÉ) pour nos activités d'édition.

Visitez le site des Éditions Caractère
editionscaractere.com

Table des matières

Avant-propos

On le sait, les Québécois savent s'illustrer avec brio dans divers domaines, allant du cinéma à la chanson, en passant par la littérature, le sport et les arts visuels. Ce qu'on oublie plus souvent, c'est que la terre natale des nombreux artistes qui contribuent à la renommée internationale de la Belle Province est elle aussi digne d'intérêt ! Comment pourrait-il en être autrement, quand une région a permis l'éclosion de tant de talents reconnus ?

Bien souvent, les gens d'ici voyagent à travers le monde, sans pour autant avoir vu et expérimenté les particularités de leur propre province. Pourtant, le Québec recèle de trésors cachés, quel que soit nos centres d'intérêt. Notre province a en effet de quoi plaire à tous, que l'on préfère les arts, les plaisirs de la table ou le plein air.

Le but de ce livre est de vous donner un aperçu de ces trésors. Les thèmes des 10 chapitres ont été choisis afin de couvrir au mieux la grande richesse du Québec et de sa culture. L'ouvrage présete les activités extérieures – à la fois hivernales et estivales – dont on peut faire l'essai, ainsi que les plus saisissants panoramas de la province. Quelques chapitres présentent les incontournables de la culture d'ici, aussi bien cinématographiques que musicaux, littéraires ou télévisuels. Les fins gourmets ne seront pas en reste, puisque l'accent est également mis sur les plaisirs de la table et les alcools du terroir.

Ces 100 choses à faire, à lire, à voir, à déguster et, surtout, à découvrir ont été choisies avec soin, avant tout pour leur authenticité, mais aussi parce qu'elles constituent de véritables invitations à faire l'expérience de « l'âme » du Québec. Alors, laissez-vous tenter !

Veuillez prendre note que tous les prix sont donnés à titre indicatif et sont sujets à changement.

Chapitre 1

Les dix activités estivales

L a belle province de Québec est reconnue de par le monde pour son long hiver blanc et son fameux automne aux couleurs de feux, qui en font une destination touristique privilégiée. Pourtant, l'été est une saison où le Québec foisonne d'activités et où il fait bon parcourir et découvrir cet immense territoire. De plus, dotée d'une nature riche et diversifiée, faite de rivières, de montagnes, de lacs, de forêts et de plaines, la province compte de nombreux parcs nationaux et provinciaux, en plus des réserves fauniques, au sein desquels la faune et la flore sont protégées afin que l'on puisse mieux les observer.

Dans les pages qui suivent, nous vous invitons à découvrir quelques-uns de ces parcs, à faire du kayak à l'archipel de Mingan ou une randonnée pédestre au mont Albert, ou observer les étoiles au mont Mégantic, faire une croisière et une visite de la Grosse Île. Outre les parcs, de magnifiques décors vous attendent un peu partout, où vous pourrez jouir de la nature et de ce qu'elle offre pour vous divertir en faisant : le tour du lac Saint-Jean, du rafting sur la Jacques-Cartier ou sur la rivière Rouge, une croisière aux baleines à Tadoussac, etc.

Au lieu de s'évader ailleurs l'été venu, les Québécois ont tout avantage à partir à la découverte de leur province et de ses trésors.

Le tour de la Gaspésie

Le tour de la Gaspésie est l'un des itinéraires les plus prisés par les Européens lorsqu'ils séjournent dans la belle province. Nous vous invitons à les imiter. Les plus courageux pourront le faire en vélo, mais nous vous proposons ici une version plus facile, soit le tour de la Gaspésie en voiture. En à peine cinq à six jours, vous aurez vu des paysages époustouflants, traversé des parcs et des forêts, longé le fleuve, qui à cette hauteur devient la mer, et traversé de jolis villages aux maisons de bois colorées. Et si vous disposez de plus de temps, les endroits où vous arrêter quelques jours ne manquent pas !

Pour toujours rouler en longeant l'eau et ainsi avoir la plus belle vue, nous vous invitons à traverser la Gaspésie dès Sainte-Flavie, sa porte d'entrée. Prenez le temps d'y faire une halte et de visiter quelques galeries d'art. Commencera ensuite la traversée de la verdoyante vallée de la Matapédia qui vous mènera à la baie des Chaleurs, aux frontières du Nouveau-Brunswick. Dans cette baie, à l'abri du vent, vous pourrez vous baigner dans des eaux tempérées tout en profitant de paysages d'une grande beauté. Carleton, Maria, New Richmond et Caplan sont autant de lieux de villégiature balnéaire où vous pourrez vous arrêter un jour ou plus et vous reposer au bord de la mer. Prenez le temps d'aller faire un saut au parc national de Miguasha, à 22 km de Carleton. Ce parc est inscrit au patrimoine mondial de l'UNESCO pour ses nombreux fossiles de poissons et de plantes vieux de quelque 380 millions d'années. Les enfants adoreront cette halte scientifique qui leur donnera peut-être la vocation de la paléontologie, qui est à l'honneur au musée d'histoire naturelle du parc national de Miguasha.

Aux amoureux de la nature et des espaces vierges de civilisation, nous suggérons de faire un crochet par la réserve faunique de Port-Daniel, à une petite dizaine de kilomètres de la mer, sur la route panoramique en direction de Percé. Cette réserve d'à peine 57 km^2 recèle 25 lacs à truites et une rivière à saumons. Un endroit bien caché pour pêcher depuis le quai du chalet que vous aurez loué ou pour camper en paix, loin de l'agitation touristique.

Percé ne sera alors plus qu'à quelques kilomètres. Et là, arrêt obligatoire ! D'une part, pour voir le pittoresque village et le fameux rocher Percé, mais aussi pour aller faire une petite excursion en bateau jusqu'à l'île Bonaventure, avec ses impressionnantes falaises où nichent quelque 300 000 oiseaux marins, dont la plus grande colonie de fous de Bassan d'Amérique. Vous pourrez donc voir, entendre et sentir ces nombreux oiseaux de très près.

Après Percé, arrêt à Gaspé, puis au parc national Forillon, point le plus à l'est de la péninsule gaspésienne, où se termine la chaîne des Appalaches. Sa faune et sa flore entre mer et montagnes, de même que son passé culturel historique, en font une halte où se marient nature et culture.

Enfin, pour le retour, nous vous invitons à longer la côte et ses villages de pêcheurs et, si votre horaire vous le permet, à prendre, à Sainte-Anne-des-Monts, la route 299 qui rentre dans les terres et se rend au parc national de la Gaspésie, qui vaut le détour. Dans ce paysage qui ressemble à une réelle mer de montagnes où se côtoient les Chic-Chocs et les Appalaches, prenez le temps pour une randonnée sur le plateau du mont Albert, d'où vous aurez une vue imprenable sur toute la région.

Finalement, avant de quitter cette magnifique région, un dernier arrêt à ne pas manquer : les Jardins de Métis, à Grand-Métis, où vous découvrirez près de 3 000 variétés de plantes indigènes et exotiques. Ceci terminera votre tour de la Gaspésie en beauté avec des couleurs plein les yeux et des odeurs à plein nez !

La croisière aux baleines

À 222 km au nord-est de Québec, après la magnifique région de Charlevoix et à l'entrée de la Haute-Côte-Nord, se trouve un village digne des cartes postales, fleuron du tourisme québécois : Tadoussac. Dans un incroyable décor de montagnes et d'eau, ce magnifique petit village est situé dans une baie, au confluent de l'immense fleuve Saint-Laurent et de l'impressionnant fjord du Saguenay. En plus de son décor grandiose, Tadoussac compte un joli petit lac caché presque au cœur du village, des dunes sur lesquelles on peut courir (et skier), des sentiers pédestres en forêt, un musée, des bâtiments historiques, un immense hôtel qui apparaît dans plus d'un film et nombre d'attraits touristiques puisque bon an mal an, ce village qui compte moins de 900 âmes accueille chaque année près de 300 000 touristes venus de partout dans le monde.

Dans ce cadre paradisiaque où il fait bon se promener, il fait également bon voguer. En effet, bien des bateaux viennent accoster au petit port de plaisance de la baie de Tadoussac, d'une part pour la beauté des paysages et du site, d'autre part parce que le village présente un attrait touristique bien particulier : l'observation des baleines. Bélugas, baleines à bosse, rorquals communs, cachalots, épaulards, dauphins et marsouins font partie des 13 espèces de cétacés vivant dans les eaux du Saint-Laurent, et dont la plupart peuvent être observées à Tadoussac. Chaque année, le fleuve est l'hôte, et ce, depuis des millénaires, de nombreuses baleines qui viennent y festoyer avant de migrer vers l'Atlantique une fois l'automne venu.

Afin de voir ces animaux marins de plus près, nous vous invitons à faire une croisière aux baleines. Il existe de nombreux forfaits, bien des compagnies et différentes formes d'excursions. À bord d'un confortable bateau, entouré d'une à plusieurs centaines de personnes, vous pourrez faire une croisière de près de trois heures pendant laquelle un guide vous expliquera la vie de ces mammifères marins. Il faut compter environ 150 $ par famille pour ce type d'excursions.

À ceux qui ont l'âme plus aventurière, nous suggérons d'embarquer sur un zodiaque et d'aller voir de très, très près ces impressionnants habitants du fleuve. Selon les compagnies, vous monterez à bord de zodiaques comptant de 12 à 50 passagers. Avant le départ, on vous remettra des imperméables, car vous risquez de vous faire quelque peu arroser, mais vous côtoierez les baleines de si près que cela en vaudra la peine. Fous rires garantis ! Comptez, ici aussi, environ 150 $ par famille. Attention, renseignez-vous auprès des compagnies pour savoir si les enfants sont acceptés dans les excursions en zodiaques, car ce n'est pas toujours le cas.

Si vous êtes sportif, que vos enfants sont adolescents et également sportifs, une sortie en kayak de mer vous fera en plus d'une quarantaine d'îles calcaires, sont étendus sur près de 150 km et couvrent une superficie de 110 km^2, offrant un parc d'une beauté très particulière. En effet, les îles calcaires, sculptées par le vent et la mer au fil des millénaires, découvrent des rochers aux formes plus bizarres les unes que les autres, d'où parfois l'impression étrange, lorsque l'on s'y promène, d'être sur la Lune ou sur une autre planète.

En plus de leurs magnifiques décors, les îles de l'archipel de Mingan regorgent de trésors plus ou moins cachés : une flore bariolée et variée, d'impressionnantes colonies d'oiseaux et une faune terrestre et marine riche et diversifiée. En effet, des renards, des phoques, des baleines, des hérons, des macareux et bien d'autres espèces habitent ces îles et leurs environs.

Pour accéder aux îles, des transporteurs privés offrent des services de traversée depuis différents points d'embarquement. Il faut toutefois être conscient qu'ils sont totalement dépendants de la météo et des conditions maritimes. Votre départ vers les îles, ou parfois votre retour, pourrait bien être reporté. Mieux vaut être averti ! C'est d'ailleurs la raison pour laquelle on conseille aux campeurs d'amener une réserve de nourriture pour deux jours supplémentaires, au cas où les conditions maritimes empêcheraient le transporteur de revenir les chercher.

Afin de profiter pleinement des îles de Mingan et des inoubliables randonnées dans leurs incroyables décors, nous vous suggérons fortement d'y camper au moins une nuit. Pour vous endormir, vous serez bercé par le roulis des vagues et par les cris des animaux et des oiseaux environnants. Quarante-quatre sites de camping sauvage sont répartis sur six îles, ce qui fait qu'on est assez éloigné des autres campeurs. Calme et tranquillité assurés !

Pour les plus sportifs, pagayer à travers cet archipel à bord d'un kayak est une magnifique façon de découvrir les îles. Si vous êtes propriétaire d'un voilier ou d'un bateau de plaisance, pensez donc aux îles de Mingan comme lieu de vacances. Vous aurez le privilège de découvrir des baies où vous vous sentirez seul au monde.

Comme dans la plupart des parcs nationaux, il vous faudra payer des droits d'entrée, soit une quinzaine de dollars par famille.

Les parcours d'hébertisme
et les parcs aériens

L'hébertisme aérien est une activité dont on en attend de plus en plus parler et qui fait de nombreux adeptes un peu partout au Québec. En effet, de nombreux parcs où l'on peut pratiquer ce genre d'activités aériennes voient le jour à travers la province. En fait, il s'agit de pistes et de parcours aménagés à la cime des arbres dans le but de vous faire vivre des émotions hautes en couleurs. On y trouve des ponts suspendus, des échelles de corde, des tyroliennes, des billots de bois flottants, des poutres d'équilibre, bref un tas d'activités et de jeux qui vous feront vous prendre pour Tarzan. Plusieurs parcs aériens offrent également un parcours ferré (*via ferrata*), activité qui se situe à mi-chemin entre la randonnée et l'escalade.

Question équipement, il vous suffit de vous munir de chaussures de sport et de vêtements confortables. Le port de bijoux est déconseillé et les cheveux longs doivent être attachés. On recommande fortement de porter des gants (de jardinage, de construction, de vélo, etc.) afin de protéger vos mains d'éventuelles brûlures dues aux frottements des cordes. Sur place, on vous remettra un équipement d'escalade (poulie, baudrier, longes et mousquetons) et l'on vérifiera que vous l'avez bien installé. Dans certains parcs, des casques sont disponibles, voire obligatoires. On vous donnera aussi les instructions de base et ensuite, à vous les plaisirs d'enfance retrouvés.

Le niveau de difficulté varie selon les parcours, permettant ainsi à chacun d'y trouver son compte. Certains parcours sont aménagés spécialement pour les enfants plus jeunes, alors que d'autres sont conçus uniquement pour les adultes et les adolescents. Tous les membres de la famille auront donc du plaisir à grimper au sommet des arbres et à imiter les singes.

Après une demi-journée au parc aérien, vous aurez fait le plein de sensations fortes et aurez passé de bien bons moments en famille. Les enfants adoreront sûrement voir leurs parents filer à vive allure, accrochés à une tyrolienne et hurlant à pleins poumons. Même si la sécurité est de mise dans tous les parcs aériens de la province (le matériel et l'équipement sont vérifiés quotidiennement et dès que l'on quitte le sol, on s'attache et on reste attaché), cœurs sensibles, s'abstenir !

Il faut compter entre 20 et 30 $ par personne pour une journée palpitante au cœur de la forêt.

Le parc des Hautes-Gorges-
de-la-Rivière-Malbaie

Dans la magnifique région touristique de Charlevoix, entre mer et monts, au cœur même de la réserve mondiale de la biosphère de Charlevoix, le parc national des Hautes-Gorges-de-la-Rivière-Malbaie compte parmi les plus beaux paysages de la province. Façonnées par la rivière Malbaie qui y a fait son nid, les gorges offrent un décor époustouflant. Avec des parois qui comptent parmi les plus hautes et les plus impressionnantes à l'est des Rocheuses canadiennes et au bas desquelles une rivière sillonne allègrement, les gorges de la Malbaie vous en mettront plein la vue, peu importe où votre regard se portera, mais surtout si vous empruntez vaillamment l'Acropole des Draveurs, qui vous mènera à plus de 1 000 m d'altitude, d'où vous aurez une vue spectaculaire sur la région.

De nombreuses activités sont offertes dans le parc pour satisfaire tous les goûts : canot, kayak, pêche, bateau-mouche, randonnée pédestre, vélo, ornithologie, observation de la faune, etc. Il est d'ailleurs possible de louer du matériel sur place (vélos, canots et kayaks). Sur l'eau, en forêt ou au sommet, vous découvrirez des paysages et des décors naturels dont vous vous souviendrez longtemps.

Pour le coucher, le camping constitue l'unique option, bien qu'au sein du parc il soit décliné en plusieurs offres : avec votre propre tente ou véhicule récréatif, bien sûr, avec des formules prêt-à-camper où le matériel vous est fourni, en tente-roulotte (jusqu'à six personnes) ou encore en tente Huttopia (jusqu'à cinq personnes).

Aux amoureux de la marche aux mollets aguerris, nous conseillons la traversée de Charlevoix, longue randonnée dont le parcours s'étend entre le parc des

Grands-Jardins et celui des Hautes-Gorges-de-la-Rivière-Malbaie, avec possibilité de coucher en refuge ou en chalet.

Question pratique, on accède au parc après avoir traversé le village de Saint-Aimé-des-Lacs, à 170 km au nord-est de Québec sur la route 138, puis après avoir roulé une trentaine de kilomètres vers le nord.

Le rafting

Le rafting est une activité estivale riche en émotions, que l'on peut pratiquer en de nombreux endroits de la province. Cœurs sensibles, s'abstenir! Haut-le-cœur, fous rires, hurlements, peur, excitation, vous passerez par toute une gamme d'émotions lors de votre première descente de rivière en rafting. Sans doute également au cours des suivantes…

Différents degrés de difficulté s'offrent à vous pour la descente. Pour une sortie familiale, mieux vaut miser sur une descente plutôt calme, sans rapides et pas trop longue, pendant laquelle vous profiterez des paysages et de la nature, histoire que les enfants et les parents aient envie de retenter l'expérience. Par contre, si vous êtes un adepte de sports extrêmes et que vous recherchez des sensations fortes et des poussées d'adrénaline, optez plutôt pour une descente sportive en eau vive, où vous passerez des rapides de classe 3 et 4. D'ailleurs, pour la descente familiale, les enfants de 5 ou 6 ans sont acceptés, mais pour les descentes plus sportives, les enfants doivent être âgés d'au moins 12 ans, question de sécurité.

Bien qu'il existe de nombreuses rivières à descendre en rafting, nous vous en proposons deux qui vous raviront. D'abord, la descente de la rivière Rouge, qui coule des Laurentides à l'Outaouais et qui est célèbre pour ses rapides, et celle de la Jacques-Cartier, située dans la magnifique vallée du même nom, près de Québec.

Pour les personnes expérimentées ou téméraires, la meilleure période pour le rafting est le printemps, car les rivières sont gorgées de l'eau de la fonte des neiges. Pour les descentes plus tranquilles, mieux vaut attendre le mois d'août et même l'automne, lorsque les forêts du Québec se parent de leurs plus belles couleurs.

Le rafting est une activité d'une demi-journée à une journée complète, selon le type de descente, et les prix varient entre 40 et 100 $.

Le tour du lac Saint-Jean à vélo

Nos enfants nous apprennent à avoir une conscience écologique et à chercher des solutions pour réduire notre empreinte écologique. Ils veulent nous voir recycler, composter, diminuer les gaz à effet de serre et la pollution ambiante pour sauver la Planète.

Pourquoi ne pas les écouter cet été en organisant des vacances familiales à vélo? C'est une façon de préserver l'environnement, de découvrir notre province sous un autre angle tout en se dépensant physiquement et en se musclant. Si l'idée de passer quelques jours à pédaler en famille vous enchante, nous vous suggérons de faire le tour du lac Saint-Jean sur la Véloroute des Bleuets.

Située dans la région touristique du Saguenay–Lac-Saint-Jean, la Véloroute des Bleuets offre un circuit de 256 km. Ce parcours cyclable forme une boucle qui ceint l'un des plus grands lacs du Québec, le lac Saint-Jean, avec ses 1 000 km². Ouverte de la mi-mai à la mi-octobre, cette route traverse 16 municipalités, dont la communauté montagnaise de Mashteuiatsh. Dans chacune de ces municipalités, il y a des stationnements gratuits où vous pourrez laisser votre voiture quelques jours, soit jusqu'à votre retour.

Au cours de votre randonnée, vous aurez l'embarras du choix quant à l'hébergement. Selon votre budget et votre besoin de confort, vous choisirez le camping, un gîte, un hôtel, un motel ou un chalet. Sachez aussi qu'un service de navette est en place, moyennant quelque 40 $, pour le transport de vos bagages d'un lieu d'hébergement à un autre. Un service fort appréciable qui vous ôtera un poids des épaules et des roues! Du coup, vous pourrez voyager avec une bonne vieille valise sans avoir besoin de vous équiper de sacs à vélo.

Question restauration, vous ne serez pas en reste. Après une bonne journée à pédaler ou pour une pause dîner, vous pourrez découvrir la gastronomie locale dans l'un des bistros ou des restaurants du coin. Il sera peut-être parfois difficile de reprendre la route une fois repu, mais vous pourrez vous motiver en pensant au prochain arrêt gastronomique…

Pour ceux qui n'ont pas de vélo ou qui ne souhaitent pas en apporter, une dizaine de points dans la région offre des vélos en location.

Si vous souhaitez un complément d'information pour bien planifier votre tour du lac, allez donc faire un tour sur le site Web de la Véloroute des Bleuets au www.veloroute-bleuets.qc.ca.

Les Perséides à l'ASTROLab
du mont Mégantic

Chaque année à la mi-août, un spectacle particulier illumine notre ciel : les fameuses perséides, c'est-à-dire une pluie d'étoiles filantes parcourant le ciel pendant quelques nuits entre le 10 et le 15 août. Bien que l'on puisse aisément les observer à l'œil nu – à condition évidemment de ne pas être en pleine ville où la pollution lumineuse empêche de voir ne serait-ce que de simples étoiles – nous vous proposons une activité, à faire en couple, entre amis ou en famille, au cours de laquelle vous apprendrez davantage sur ce phénomène en jouant les apprentis astronomes. En effet, l'ASTROLab du mont Mégantic, situé dans le parc national du Mont-Mégantic dans la région touristique des Cantons-de-l'Est, organise des activités de nuit durant le passage des perséides. Outre l'observation à l'œil nu et au télescope, l'événement comprend différents volets, dont une visite guidée à l'observatoire Velan (à la base de la montagne), une randonnée nocturne, une présentation 3D sur l'univers et ses paysages sur écran géant (avec port de lunettes 3D) ainsi qu'une projection d'images dans le Cosmolab, suivie d'une discussion sur l'astronomie.

On peut passer cette nuit de Perséides au bas de la montagne ou à son sommet. Les activités sont sensiblement les mêmes, quoique si vous choisissez le sommet, vous aurez en plus droit à une présentation multimédia de 40 minutes sur les Perséides à l'ASTROLab avant de monter visiter l'observatoire populaire. Un transport en autobus est prévu toutes les heures, et ce, jusqu'à 2 heures du matin.

Afin de passer une agréable soirée, n'oubliez pas de vous vêtir chaudement, car les nuits sont fraîches au mois d'août, particulièrement au sommet de la montagne où il fait carrément froid. Pour être bien à l'aise et profiter de ce moment, il est suggéré de se munir de chaises longues et de couvertures pour compter longuement les étoiles et faire autant de vœux que possible.

Si vous choisissez de monter au sommet, il est important de réserver votre place, ce qui n'est pas nécessaire pour les autres activités. Les prix varient du simple au double : un adulte paiera environ 26 $ pour le sommet et 13 $ pour la base, et les enfants (6 à 12 ans), 13 $ ou 7 $, ce à quoi il faut ajouter l'entrée dans le parc (7 $ par famille ou 3 $ par adulte).

La chasse et la pêche en pourvoirie

Le Québec, souvent surnommé pays des lacs et des rivières, est un lieu de prédilection pour la pêche ; que ce soit à la ligne, à la mouche, sur un quai, dans une barque, en rivière, en lac ou en mer, les pêcheurs sont choyés au Québec, où vivent une foule d'espèces de poissons. Autour de ces nombreux points d'eau, on trouve également une variété de grands et petits gibiers qui viennent s'y abreuver ou s'y rafraîchir et qui font le bonheur des chasseurs.

Longtemps l'apanage de la gent masculine, la chasse et la pêche sont aujourd'hui des activités de plus en plus prisées par les femmes et les enfants. Qu'il s'agisse de taquiner la truite ou de chasser le chevreuil, plusieurs Québécois le font désormais en famille pour le plus grand plaisir de tout un chacun.

À cet effet, des pourvoiries spécialement conçues pour offrir toutes les commodités et services liés à la chasse et à la pêche ont vu le jour un peu partout, aux quatre coins de la province. Situées en pleine nature, dans de grands espaces au décor enchanteur, toujours sur le bord d'un lac, les pourvoiries sont devenues une option intéressante pour passer des vacances. Les pourvoyeurs, en plus d'offrir le gîte (camping, chalets ou chambres dans des complexes), dispensent aide et conseils tout en fournissant matériel, équipement et services pour répondre aux besoins des chasseurs et des pêcheurs d'ici et d'ailleurs. On compte actuellement près de 675 pourvoiries, dont 400 font partie de la Fédération des pourvoiries du Québec.

Choisir de passer des vacances familiales en pourvoirie, c'est s'offrir un bol de plein air. Bien sûr on y chasse et on y pêche, mais bien d'autres activités attendent les familles : baignade, randonnée, équitation, canot, kayak, vélo de montagne, VTT, camping, jeux d'extérieur (volleyball, soccer) ou d'intérieur (billard, ping-pong), etc. Les façons de se divertir ne manquent pas ! Et si certains membres de la famille n'ont aucune envie de prendre part aux parties de pêche ou de chasse, ils auront tout le loisir de profiter de la nature et des commodités offertes par la pourvoirie.

Afin d'en savoir plus ou pour choisir la pourvoirie qui vous accueillera, consultez le site Web de la Fédération des pourvoiries du Québec au www.fpq.com.

Chapitre 2

Les dix plus beaux panoramas du Québec

L a province de Québec est immense. Elle est d'ailleurs la plus grande des provinces canadiennes. Sa superficie est de 1 667 926 km^2, soit 3 fois la taille de la France ou plus de 50 fois celle de la Belgique. La Belle Province, comme on la surnomme, porte magnifiquement bien son nom. Comptant plus de 130 000 rivières et un million de lacs, le Québec est riche en ressources et en paysages hydriques. Sa beauté est faite d'eau, mais aussi de forêts, de taïgas, de montagnes, de vallons, de collines, de villages et de villes, des richesses naturelles et culturelles.

Il a été très difficile d'arrêter notre choix sur seulement 10 des plus beaux panoramas que comprend la province. Il y en a tellement ! Nous avons tenté de représenter des paysages variés, dans des régions et à des saisons différentes. Nous sommes bien conscients d'en avoir laissé de côté, mais nous devions trancher.

Ont donc été retenus, entre autres, les paysages colorés des îles de la Madeleine, l'imposant fjord du Saguenay, le photogénique rocher Percé et la vue sur Montréal du mont Royal. Nous espérons, par ces pages, vous donner envie de découvrir toujours plus loin les trésors que recèle le Québec. Bonne route !

Le fjord du Saguenay

À la frontière de la Côte-Nord et du Saguenay–Lac-Saint-Jean, l'immense fjord du Saguenay offre un paysage à couper le souffle. On imagine difficilement qu'il puisse y avoir des fjords au Québec ; ils représentent plutôt l'image que l'on se fait de la Norvège. Pourtant, le Québec possède bel et bien un fjord, dont la beauté attire les touristes des quatre coins du monde et que trop de Québécois ignorent encore.

Le fjord du Saguenay est une ancienne vallée glaciaire au fond de laquelle coule la rivière du même nom et où remontent les eaux froides et salées du Saint-Laurent. Longé de falaises rocheuses abruptes dont la hauteur varie de 150 à 400 m, le fjord est une immense faille dans la chaîne de montagnes des Laurentides. D'une longueur de 110 km et d'une largeur variant de 1 à 3,5 km, le fjord du Saguenay n'a pas son pareil en termes de paysages faits d'anses, de caps, de falaises et d'eau sombre.

Mais d'où a-t-on la plus belle vue sur le fjord ? Les avis sont très partagés, même si tout le monde s'entend pour dire que le fjord du Saguenay offre l'un des plus beaux panoramas de la province. Certains vous diront que c'est à bord d'une embarcation (kayak, bateau de plaisance, etc.), au cœur même du fjord, que vous pourrez en apprécier toute la beauté. Parions que vous vous sentirez tout petit au milieu de ses eaux et au pied de ses falaises escarpées. D'autres préféreront toutefois s'en mettre plein la vue du haut d'une de ses impressionnantes parois. Si vous aimez marcher, le Sentier du fjord (42 km aménagés dans le parc national du Saguenay) est une excellente manière de profiter des paysages grandioses. Il longe la rive nord du fjord, de la baie Sainte-Marguerite à Tadoussac, et il vous faudra trois jours et deux ou trois nuits (en camping ou en refuge) pour le parcourir en entier. Vous aurez des vues imprenables sur le fjord et assisterez à des couchers de soleil dont vous vous souviendrez longtemps !

Si vous ne voulez ni naviguer ni marcher, rendez-vous dans le joli village de Sainte-Rose-du-Nord, où vous pourrez plonger votre regard dans ces paysages en toute quiétude.

Québec vu de la traverse

La ville de Québec est un véritable petit bijou aux reflets européens. Son architecture, ses rues pavées, sa vieille ville et ses fortifications lui donnent un petit air d'outre-Atlantique. Bien sûr, il fait bon s'y promener et déambuler dans le dédale de ses rues pour sentir son ambiance et découvrir sa beauté, mais la plus belle façon de voir Québec est sans conteste à partir du fleuve.

Si vous ou une de vos connaissances possédez un voilier ou si vous êtes fervent de croisières, nous vous invitons à aller faire un tour à Québec à bord de votre embarcation. Cependant, comme la plupart des gens ne possèdent pas de voilier ou ne choisissent pas le Québec comme destination de croisière, il est un moyen très économique et très facile pour avoir une vue imprenable sur la vieille capitale : prendre un des traversiers en direction de Québec.

À mesure que vous vous en approcherez, la ville se dévoilera devant vos yeux. Cheveux dans le vent, nez humant les effluves marines du fleuve, vous serez aux premières loges, confortablement assis sur le pont du traversier. Devant vous, le cap Diamant déploiera ses charmes, avec le célèbre Château Frontenac trônant majestueusement sur la terrasse Dufferin. Surplombé par le magnifique Séminaire de Québec, le quartier historique du Petit-Champlain, le plus vieux en Amérique du Nord, avec ses bâtiments de pierre aux toits colorés, vous charmera et vous donnera envie d'aller vous y promener. Les bâtiments plus modernes du port de Québec se marient aussi très bien à ce décor patrimonial.

Cette brève escapade peut se faire en toute saison. L'automne, les couleurs de feu des arbres du cap Diamant mettront de la lumière dans cet extraordinaire panorama. L'hiver, il est impressionnant de voir le traversier fendre les glaces du fleuve tandis que la blancheur éblouissante du paysage donne une impression de calme. Au printemps et en été, vous pourrez profiter du pont sans grelotter pour découvrir l'animation du quartier touristique du Petit-Champlain.

Mais peu importe la saison que vous choisirez, sachez que Québec est à son plus beau quand le jour vient de se lever ou en fin d'après-midi, un peu avant que le soleil ne se couche. Il y règne alors une lumière bien particulière qui met en valeur les bâtiments et fait ressortir des teintes de rosée propres à Québec.

La traversée coûte environ 11 $ par véhicule, incluant un maximum de 6 passagers. L'été, si vous êtes en vélo, le prix sera le même que pour un piéton. C'est d'ailleurs une excellente idée que de pédaler jusqu'aux traversiers, étant donné que ceux-ci font partie de la Route Verte et qu'ils relient deux magnifiques pistes cyclables qui longent le fleuve : le corridor du Littoral sur la Rive-Nord (Québec) et le Parcours des Anses sur la Rive-Sud.

Si vous n'avez pas le pied marin, soyez rassuré : le trajet ne dure que 10 minutes à peine. Vous n'en avez pas eu assez ? Vous en redemandez ? Eh bien, il vous suffira de refaire la traversée en sens inverse !

Le Sentier des Caps
dans Charlevoix

Pour les amateurs de randonnées, pour ceux qui souhaitent s'y initier et pour ceux qui recherchent d'impressionnants panoramas, le magnifique Sentier des Caps de Charlevoix est à la hauteur de toutes les attentes. Et en fait de hauteur, les amateurs seront servis !

Reliant la Réserve nationale de faune du cap Tourmente au pittoresque village de Petite-Rivière-Saint-François, le Sentier des Caps est doté, tout au long de ses 51 km destinés à la randonnée, de nombreux belvédères d'où l'on peut admirer à loisir les paysages faits de montagnes et de forêts avec, pour fond, le majestueux fleuve Saint-Laurent. On peut ainsi admirer les îles qui peuplent cet immense fleuve, dont l'île aux Coudres et l'archipel des îles de Montmagny qui compte, entre autres, l'île aux Grues et la Grosse Île.

Toute l'année, le Sentier des Caps permet aux promeneurs de s'en mettre plein la vue avec des panoramas parmi les plus beaux du Québec.

L'hiver, c'est en raquette, en ski de fond ou même en télémark qu'on y déambule, dans une forêt féerique aux arbres couverts de neige, dans laquelle on n'entend que ses pas et les oiseaux qui sifflent. Le fleuve, alors envahi par la glace, brille de tous ses feux et le soleil qui s'y reflète éblouit les yeux des randonneurs. Excursion d'une journée ou de plusieurs jours avec nuits en refuge, le Sentier des Caps offre en hiver le calme de la nature et de bons défis aux sportifs.

Aux autres saisons, c'est à pied que l'on découvre les beautés environnantes et les magnifiques panoramas.

D'une balade de quelques kilomètres en famille à plusieurs jours de marche entre randonneurs avertis, chacun y trouve son compte, et chaque saison apporte son lot de beauté : les bourgeons, les fleurs et le réveil de la nature au printemps ; le soleil, les odeurs et la verdure de l'été ; les couleurs des arbres allant du jaune au rouge, que la lumière du soleil fait resplendir, et les odeurs des feuilles mortes en automne.

Le Sentier des Caps est un nom à retenir. Quand on s'y promène, où que le regard se pose, ce n'est que beauté, paysages époustouflants et nature grandiose. Une fois qu'on y a goûté, on souhaite de tout cœur y revenir !

Le parc du Bic

À mi-chemin entre Gaspé et Montréal et à un peu plus d'une dizaine de kilomètres de Rimouski, dans la région du Bas-Saint-Laurent, Bas-du-Fleuve pour les intimes, se cache le magnifique parc national du Bic. D'une superficie de 34 km², ce petit parc de conservation en bordure du fleuve a conquis tous ceux qui s'y sont arrêtés pour en admirer l'écosystème bien particulier. Fait de caps et de baies, de rochers et de falaises sculptées par la mer et le vent, d'îles et d'anses, de forêts de conifères et de feuillus, de montagnes, de vallées et d'eau, le parc du Bic offre aux promeneurs une diversité de paysages qui, été comme hiver, valent vraiment le détour.

Des pistes cyclables et des sentiers de randonnée sont aménagés pour permettre de parcourir l'ensemble du territoire. Dans la plupart d'entre eux, un point surélevé permet d'avoir une vue plongeante sur le fleuve et ses rivages escarpés. Plusieurs belvédères ont également été construits, ici et là, afin que l'on puisse profiter des panoramas en toute quiétude. Le regard plongé dans le fleuve Saint-Laurent, on peut apercevoir des phoques ou, en levant le nez vers le ciel, observer toutes sortes d'oiseaux marins et de proie.

Le parc du Bic est particulièrement réputé pour ses couchers de soleil, qui compteraient parmi les plus beaux au monde. Du haut d'un belvédère ou à même la plage de sable (en fait, peu importe où l'on se trouve pour l'admirer), la beauté d'un ciel aux couleurs éblouissantes et du soleil plongeant dans le fleuve rend le séjour au Bic inoubliable.

Camping ou yourte en été, refuge ou igloo en hiver, pour profiter pleinement des magnifiques paysages du Bic, autant y passer quelques nuits et ainsi avoir la chance de voir plusieurs fois le soleil se coucher, mais même pour un simple pique-nique en famille au bord de l'eau (avec baignade pour ceux qui n'ont pas peur de se mouiller) ou une belle promenade, le parc du Bic est une destination panoramique à retenir.

Montréal vu du mont Royal

La ville de Montréal compte plusieurs lieux d'où l'on peut admirer sa beauté et sa grandeur. De l'oratoire Saint-Joseph comme du dernier étage de plusieurs immeubles ou hôtels du centre-ville, on a de la métropole une vue d'ensemble saisissante. Cependant, il est un lieu en particulier d'où s'offre la plus belle et la plus complète vue de Montréal : le mont Royal.

Située en plein cœur de la ville, cette colline – que les Montréalais appellent affectueusement « la montagne » – est un puissant symbole de la métropole. Au centre de « la montagne » se trouve un immense parc qui n'est pas sans rappeler le fameux *Central Park* de New York. Véritable oasis de verdure dans une jungle de béton, le parc du Mont-Royal est un lieu de rencontre et de rassemblement où les uns pratiquent leur activité physique (course à pied, marche, ski de fond, yoga, tai-chi, soccer, etc.), tandis que d'autres lisent, se détendent ou font la sieste. On s'y donne rendez-vous pour une première rencontre amoureuse, on y pique-nique en famille, on y joue au frisbee ou au soccer entre amis. Le dimanche, on peut même y jouer du tam-tam et du djembé en compagnie de nombreux percussionnistes dans une ambiance des plus festives.

Le mont Royal chevauche plusieurs arrondissements de la ville de Montréal : Ville-Marie, Outremont, Côte-des-Neiges–Notre-Dame-de-Grâce et, comme son nom l'indique, le Plateau-Mont-Royal. De nombreuses institutions de renom y ont d'autre part élu domicile : les cimetières Notre-Dame-des-Neiges et Mont-Royal, l'hôpital Royal Victoria, l'hôpital général de Montréal, les universités McGill et de Montréal, sans oublier la plus grande église du Canada, l'oratoire Saint-Joseph.

En se promenant à travers les sentiers du mont Royal et de son parc, on découvre plusieurs belvédères et sites d'où l'on peut admirer Montréal et ses bâtiments, mais la plus belle vue sur la ville et ses environs s'offre à partir du belvédère Kondiaronk, situé dans le parc. Le centre-ville et ses gratte-ciel, le fleuve Saint-Laurent et la Rive-Sud, et, lorsque le temps le permet, les montagnes du Vermont et de l'État de New York se déploient pour le plus grand plaisir des marcheurs. Le panorama y est également magnifique à la nuit tombée, une fois que la ville s'illumine de ses mille feux.

Le rocher **Percé**

Sans doute l'un des paysages les plus photographiés du Québec, voire du Canada, et pour cause, le fameux rocher Percé compte parmi les incontournables de la province ! Presqu'île à marée basse mais îlot à marée haute, cet immense rocher de calcaire fait la fierté des Gaspésiens et plus particulièrement des habitants de Percé. Mesurant 85 m de haut pour 450 m de long et 90 m de large, le rocher Percé tire son nom du trou qui le transperce.

Il n'y a pas d'endroit particulier pour avoir la plus belle vue sur le rocher Percé, le fleuve et le village de Percé. Il en existe de nombreux. Tout d'abord, si vous arrivez par l'ouest (depuis Carleton), faites un arrêt à la halte routière de la côte de la Surprise. Le panorama y est splendide, notamment lors du coucher du soleil. C'est un site parfait pour un pique-nique ou pour se dégourdir les jambes.

Si vous voulez réellement bouger, une belle promenade en forêt et dans les hauteurs est tout indiquée. Les monts Sainte-Anne et Blanc offrent une douzaine de kilomètres de sentiers d'où vous aurez une vue imprenable à la fois sur le rocher Percé et sur l'étendue de forêt et de vallons des alentours. Des belvédères ont d'ailleurs été aménagés au mont Sainte-Anne pour le plus grand bonheur des promeneurs.

Finalement, sachez que même depuis le quai de Percé, le panorama est saisissant. D'aussi près, le rocher est imposant et majestueux. À force de ne pas savoir où donner de la tête devant tant de splendeurs naturelles, vous en aurez presque le tournis !

À marée basse, on peut faire la visite du rocher en forme d'arche en compagnie d'un garde-parc naturaliste qui vous entretiendra de géologie, en plus de vous donner un petit cours d'ornithologie, ct ce, au modeste coût de 5 $ par adulte et 2,5 $ par enfant.

Les chemins Craig et Gosford

Chevauchant les régions de Chaudière-Appalaches et du Centre-du-Québec, un circuit touristique de près de 200 km de route panoramique permet de découvrir l'histoire et le patrimoine religieux des premiers colons irlandais et écossais installés dans la région. Reliant les MRC de Lotbinière, de L'Amiante et de L'Érable, le circuit de découverte des chemins Craig et Gosford traverse 12 municipalités : Saint-Gilles, Saint-Patrice, Inverness, Saint-Jacques-de-Leeds, Kinnear's Mills, Saint-Jean-de-Brébeuf, Saint-Julien, Saint-Ferdinand, Sainte-Agathe, Saint-Pierre-Baptiste, Saint-Sylvestre et Irlande. Tous ces jolis petits villages sont situés sur l'un des deux axes routiers construits au début du XIXe siècle pour favoriser l'établissement des anglophones vers les terres encore inhabitées des Cantons-de-l'Est.

Par ailleurs, le chemin Craig a permis d'établir le premier service de diligence reliant Québec et Boston, et le circuit touristique suit justement la voie que les diligences empruntaient. Tout au long du parcours, des arrêts sont proposés : sites patrimoniaux, églises anglicanes, cimetières protestants et catholiques, sculptures, ponts couverts, et autres curiosités sont mis en valeur, souvent après avoir été restaurés. Au fil des arrêts, des panneaux d'interprétation permettent d'en apprendre davantage sur la région et sa colonisation. Des haltes routières, des aires de repos et des belvédères sont également aménagés pour pouvoir se détendre tout en admirant les paysages bucoliques.

Les chemins Craig et Gosford constituent une véritable voie panoramique. Partant d'une région à topographie plane où le regard porte au loin vers les montagnes, ils se poursuivent jusqu'aux pieds des Appalaches, dans une région faite de collines et de vallons qui n'est pas sans rappeler la France ou la Suisse. Les érablières sont légion dans ce coin de la province, ce qui en fait une destination parfaite durant l'automne.

Si la route en elle-même offre des paysages magnifiques, il est un arrêt du circuit en particulier qui vaut le détour pour le panorama qu'il offre. Il s'agit du belvédère situé à Saint-Jean-de-Brébeuf, au point le plus élevé du chemin Craig (en haut de la côte des Dostie). Lorsque le ciel est découvert et que le temps le permet, la vue y est des plus impressionnantes. On peut admirer, entre autres, la plaine du Saint-Laurent, la ville de Québec, au loin à plus de 80 km, et les Laurentides. Un endroit parfait pour casser la croûte devant un mémorable panorama.

Pour une belle balade du dimanche en voiture, à la découverte de l'histoire et du patrimoine, les chemins Craig et Gosford sont la voie à suivre, idéalement l'automne, pour le plaisir des yeux...

Les Cantons-de-l'Est

Si les couleurs de l'automne et la douceur de l'été indien rendent toute la province fort attrayante, il est des lieux qui le sont encore plus que la plupart. C'est le cas des Cantons-de-l'Est, en Estrie. Longeant la frontière du Vermont et du Maine sur près de 300 km, cette région touristique située au sud du Québec comprend montagnes, vallées, forêts et lacs. Dans une nature grandiose, elle déploie de splendides paysages et est parsemée de jolis villages pittoresques où il fait bon s'arrêter.

Comptant pas moins de quatre parcs nationaux et cinq centres de ski, cette région attire les fervents du plein air à longueur d'année, mais comme les Cantons-de-l'Est sont couverts de forêt à près de 80 %, ils représentent la destination toute désignée pour se délecter la vue des couleurs flamboyantes de l'automne.

Les skieurs vous le diront, c'est d'en haut de la montagne que l'on a la plus belle vue sur la région. Du sommet du mont Orford ou *Owl's Head*, on a effectivement une vue imprenable. Le regard porté au loin explore la région, plonge dans les lacs Memphrémagog et Massawippi, aperçoit l'abbaye de Saint-Benoît-du-Lac et découvre la chaîne des Appalaches jusqu'aux États-Unis. Les sportifs atteindront le sommet du mont Orford après une belle randonnée, tandis que les autres pourront profiter du service de télécabine pour une montée toute en douceur pendant laquelle ils pourront admirer le panorama. Il est aussi possible de faire un aller ou un retour seulement en télécabine et de faire le trajet inverse à pied.

Pour une famille de deux enfants, le trajet coûte 25 $ pour un aller-retour ou 16,50 $ pour un aller simple. Si vous songez y aller plusieurs fois dans l'année, sachez qu'il existe une carte d'abonnement de saison été-automne.

Une fois au sommet, nous vous suggérons de suivre le circuit Altitude 2 800 pi, qui comprend 5 belvédères d'où l'on a une vue époustouflante sur 360 degrés. Une façon haute en couleur de voir l'automne et d'avoir les Cantons-de-l'Est à ses pieds.

Le parc de la Gatineau

À un petit quart d'heure de la capitale du Canada, Ottawa, du côté de la rive québécoise de la rivière des Outaouais, se trouve le parc de la Gatineau. Sur un immense territoire triangulaire de 360 km², fait de forêts et de plus d'une cinquantaine de lacs, des centaines de kilomètres de sentiers ont été aménagés afin de faire profiter les promeneurs des joies de la nature. Certains de ces sentiers mènent à des panoramas qui n'ont leur pareil dans aucune région du Québec. En effet, ce qui fait la particularité du parc de la Gatineau, c'est la jonction de deux importantes formations géologiques sur lesquelles le pays est assis : d'une part, le bouclier canadien, qui forme le noyau du continent et sur lequel se trouve la moitié du Canada, et d'autre part, les basses terres du Saint-Laurent.

Au sommet, l'escarpement d'Eardley, falaise de quelque 300 m de hauteur, trône le belvédère Champlain. On y accède en voiture à la fin de la promenade du même nom. De là-haut, la vue est spectaculaire et on peut aisément observer la démarcation entre les deux formations géologiques. Un régal pour les yeux des scientifiques et pour tous ceux qui s'intéressent à la géologie et à la formation des continents. Plusieurs panneaux d'interprétation permettent d'ailleurs d'en apprendre davantage sur les phénomènes géologiques qui ont façonné le paysage. Une fois au sommet, le sentier Champlain permet de se dégourdir un peu sur un parcours de 1,3 km tout en s'instruisant sur la faune et la flore de la région toujours grâce aux panneaux d'interprétation.

On peut également emprunter le sentier du Mont-King pour monter au sommet de l'escarpement d'Eardley. Sur une distance de 2,5 km, ce sentier compte une dizaine de stations d'observation et offre une vue impressionnante sur la vallée de l'Outaouais et sur les villes des environs (Aylmer, Gatineau et Ottawa).

D'autres belvédères ont été aménagés ici et là dans le parc pour que l'on puisse pleinement profiter des merveilleux panoramas. On y retrouve des places de stationnement, des toilettes sèches et parfois des tables de pique-nique et même des barbecues.

Pour en apprendre davantage sur la géologie, tout en s'offrant de magnifiques paysages lors d'une belle balade en forêt, le parc de la Gatineau saura répondre à vos attentes en toute saison.

Les îles de la Madeleine

En pleine mer, à des miles nautiques de toute côte, les îles de la Madeleine attendent tranquillement, bercées par le vent, que les touristes débarquent pour les émerveiller. Avec ses plages de sable blond qui s'étirent sur des kilomètres et des kilomètres, ses dunes dorées reliant les îles, ses eaux bleues, ses collines vertes et ses falaises rougeoyantes, l'archipel des îles de la Madeleine offre des paysages hauts en couleur et tout en contrastes, où les bleus, les verts, les blancs, les jaunes et les rouges des maisons des îles, plus colorées les unes que les autres, viennent s'ajouter aux couleurs de la nature. Une vraie palette de peintre s'étend devant les yeux. D'ailleurs, en hiver, lorsque la neige recouvre les îles, ces habitations de couleur mettent de la vie dans ces paysages uniformes et réchauffent les esprits.

Dès que l'on a posé le pied aux îles, on a la tête pleine de superbes paysages. Les falaises ocre, sculptées par le vent et l'eau et qui semblent tomber dans la mer, font un peu penser aux paysages de l'Irlande. La mer à perte de vue et les plages paradisiaques nous font presque oublier que l'on est au Québec. Toutefois, certains jours, la fraîcheur de l'eau nous le rappelle bien vite.

 Situées à 215 km de la péninsule gaspésienne, à 105 km de l'île du Prince-Édouard et à 95 km du Cap-Breton, les îles de la Madeleine sont accessibles en bateau ou en avion. Qu'on y arrive par un moyen ou par un autre, la vue est saisissante lorsque l'on s'approche de cet archipel. Et une fois à destination, sur la terre ferme, à pied, en vélo, à cheval ou en voiture, prenez le temps de découvrir les petits recoins de ces îles où se cachent des plages intimes, des boisés, des réserves fauniques, des dunes et quoi d'autre encore.

Le dépaysement y est garanti, et les plaisirs aussi!

Chapitre 3

Les dix festivals
et événements culturels

I semble que le Québec adore les festivals. Presque chaque village et ville de la province a le sien : le Festival des fromages de Warwick, le Festival de musique actuelle de Victoriaville, le Festival du cochon de Sainte-Perpétue, le Festival interna-tional Danse Encore de Trois-Rivières, le Festival en chanson de Petite-Vallée, jusqu'au tout récent Festival de la poutine de Drummond-ville. Les Québécois ont l'âme festive et aiment se regrouper et célébrer. Et puisque toutes les occasions sont bonnes, pourquoi ne pas créer un festival qui reviendra annuellement et permettra à tout un chacun de s'amuser ? La formule semble bien fonctionner et nous voulons partager avec vous quelques-uns de ces événements, en espérant qu'ils sauront vous plaire.

Devant une si grande et riche diversité, choisir seulement dix festivals a été difficile. Nous avons tenté à la fois de représenter différentes formes d'art et diverses régions du Québec – bien que nous soyons conscients que Montréal revient à trois reprises. Certains des événements ont une renommée internationale, comme le Festival international de jazz de Montréal, le festival Juste pour rire de Montréal et le Festival western de Saint-Tite, alors que d'autres gagnent à être connus, comme l'Internationale de la sculpture de Saint-Jean-Port-Joli, le Carrousel international du film de Rimouski et le Mondial des cultures de Drummondville.

Le festival Montréal en lumière

En plein cœur de l'hiver, à la mi-février, période froide s'il en est une, Montréal se pare de ses plus beaux atours pour faire un pied de nez à la saison blanche et inviter ses habitants et les gens de l'extérieur à fêter et à se réveiller de la torpeur hivernale pendant le festival Montréal en lumières. Trois volets orientent ce festival urbain hivernal : la gastronomie, les arts et la fête.

Le volet gastronomique présente, durant les dix jours du festival, des activités culinaires, gastronomiques et viticoles dans une cinquantaine des meilleurs restaurants de la ville. Des duos de chefs étoilés, l'un d'ici et l'autre d'ailleurs, sont créés pour offrir aux fins gourmets des menus alléchants. Des conférences, des ateliers pratiques et des soupers événements attendent les fines bouches et amateurs de bonne gastronomie.

Le volet artistique marie divers arts de la scène (musique classique et populaire, danse, théâtre, cirque, chant, etc.) autour d'une thématique annuelle. Un spectacle d'ouverture et un de clôture, tous deux à grand déploiement, ouvre et ferme les festivités, et tout au long du festival, des spectacles et des concerts sont organisés en divers lieux culturels de Montréal.

Quant au volet festif, il s'articule autour du thème récurrent de la lumière, avec des activités et des spectacles gratuits qui ont lieu sur le site extérieur du festival. Ici, on s'adresse à un large public, dont les familles, qui est convié à assister à des feux d'artifice, à des présentations sons et lumières, à des bals populaires et à bien d'autres plaisirs festifs. Une place de la famille, une patinoire, une glissade et une fête foraine sont également là pour ravir les petits et ramener les plus grands au pays de l'enfance. Et après avoir patiné, glissé, dansé et s'être émerveillé devant les sculptures sur glace, les amuseurs publics et les autres attractions, chacun sera heureux de se réchauffer auprès d'un brasero en buvant du vin ou un chocolat chaud, selon l'âge et les goûts !

Depuis six ans, Montréal en lumière offre par ailleurs aux noctambules une nuit magique remplie d'attractions : il s'agit de la fameuse Nuit blanche, durant laquelle, à travers plusieurs quartiers de la ville, des parcours d'exploration permettent de découvrir plus de 150 activités. Les promeneurs sont ainsi invités à découvrir des lieux, des organismes, des performances artistiques, des artistes, des spectacles de danse, des concerts et quoi d'autre encore ? Un happening géant à la taille de Montréal. Une façon de voir la Métropole sous un autre jour, ou plutôt sous une autre nuit !

Un passage au festival Montréal en lumière vous fera découvrir ou redécouvrir Montréal, ses attraits et ses artistes comme vous ne les avez jamais vus auparavant.

Le Carrefour international
de théâtre de Québec

La Vieille Capitale devient chaque printemps le lieu de rassemblement de troupes de théâtre, d'ici et d'ailleurs, qui viennent présenter leurs pièces dans le cadre du Carrefour international de théâtre. Fondé en 1991 et prenant le relais de la Quinzaine internationale de théâtre, le Carrefour est une fête du théâtre et de la création qui permet de découvrir des œuvres de créateurs de renommée internationale et de la relève, d'hier et d'aujourd'hui, mais surtout d'ici et de l'étranger, puisque que la moitié des œuvres présentées sont d'origine nationale et l'autre, internationale. Depuis ses débuts, le festival a accueilli des troupes venant de pays aussi divers que la Bolivie, le Rwanda, le Japon, les États-Unis, la Croatie ou l'Australie.

Pendant près de 20 jours, alors qu'elle émerge d'un long hiver, la ville de Québec devient un véritable carrefour où se mêlent théâtre, création, culture et échange avec le public. On assiste bien sûr à des pièces de théâtre, mais aussi à des lectures, des laboratoires d'exploration de texte, des tables rondes, des projections de films, etc. On peut même participer à une classe de maître, et cette année, pour la première fois, il est offert un spectacle multidisciplinaire d'envergure, extérieur et gratuit, créé par plusieurs artistes locaux et qui se déroulera en divers lieux de la ville.

Au Québec, le Carrefour international de théâtre est l'unique événement du genre destiné spécifiquement aux adultes. Sa programmation, au fil des ans, réussit à émouvoir, à faire pleurer, à faire rire, à déstabiliser, à divertir et à provoquer le public, lequel revient, s'agrandit et prend désormais la parole grâce au volet Carrefour des critiques amateurs, où chacun peut laisser libre cours à sa relation avec le théâtre ou avec une pièce en particulier.

Pour ceux qui aiment le théâtre ou qui aimeraient découvrir ses charmes et découvrir des cultures d'ailleurs, le Carrefour international de théâtre de Québec est un rendez-vous à ne pas manquer, surtout qu'il a lieu de la fin mai à la mi-juin, une période où Québec et ses habitants sont souvent en liesse avec le retour du beau temps et des terrasses.

Le Festival international
de jazz de Montréal

Les Québécois sont de grands amateurs de jazz et de blues, à preuve les nombreux festivals de musique du genre qui ont cours à travers la province : Lévis, Québec, Victoriaville, Valleyfield, Rimouski, Carleton et Sutton, pour ne nommer que ceux-là. Cependant, le plus connu, d'envergure internationale, reste un incontournable et l'on ne peut le passer sous silence : le Festival international de Jazz de Montréal, qui en sera à sa trentième édition en 2009.

Début juillet, pendant 11 jours bien remplis, Montréal prend des allures de grande fête collective. En plein centre-ville, plusieurs rues deviennent piétonnes et se transforment, ici et là, en une dizaine de scènes à ciel ouvert. De midi à minuit, la musique règne sur la ville : du jazz et du blues, comme il se doit, mais aussi du reggae, du rock, des airs latinos, cubains, africains et bien plus. On peut y entendre de grandes vedettes, pour lesquelles le public se bouscule, et des petits groupes qui sont souvent les plus belles découvertes.

Si les concerts extérieurs sont gratuits, des concerts payants ont lieu dans une dizaine de salles de la ville. En quelques chiffres, le Festival de jazz de Montréal, c'est près de 3 000 artistes provenant d'une trentaine de pays et plus de 500 concerts, dont 350 gratuits. On compte annuellement 2,5 millions de festivaliers, parmi lesquels plus d'un tiers sont des touristes et des gens qui viennent de l'extérieur de Montréal.

Être à Montréal durant les quelques jours du Festival de jazz, c'est être au cœur de la fête, faire partie de l'événement, se déhancher en famille en plein après-midi, découvrir des sonorités exotiques et avoir des coups de cœur pour des artistes dont on ignorait jusqu'alors l'existence. Une expérience culturelle inoubliable !

Le festival Juste pour rire
de Montréal

Même si l'on n'a jamais assisté au festival Juste pour rire, on connaît tous et toutes sa fameuse mascotte pour l'avoir vue dans les journaux, à la télévision ou peut-être même lors de déplacements en avion. En effet, qui ne connaît pas le petit bonhomme vert aux cornes rouges ? Juste pour rire est devenu un incontournable international en matière d'humour. Pourtant, tout a commencé dans la tête d'un Québécois, à Montréal, il y aura bientôt 30 ans. Celui-ci souhaitait réunir plusieurs humoristes et créer le premier festival d'humour. Le temps lui aura donné raison, puisqu'aujourd'hui, 27 ans plus tard, ce modeste festival de Montréal a non seulement pris de l'ampleur, mais il a aussi fait des petits (Nantes, Toronto, Chicago et bientôt ailleurs encore).

Juste pour rire, c'est le petit festival de Montréal devenu grand, très grand. Pendant 3 semaines, près de 2 000 artistes, québécois ou étrangers, bien connus ou émergents, plus désopilants les uns que les autres, viennent divertir le public qui souvent pleure de rire. Spectacles d'humoristes en salle, *stands-up* comiques, galas, animations, théâtre et arts de la rue, projections de films humoristiques, le festival Juste pour rire a pour vocation de faire rire, peu importe comment. Il y en a pour tous les goûts !

Montréal en juillet, c'est la destination parfaite pour aller lâcher son fou et rire un bon coup. Si les spectacles en salle ne sont pas tellement appropriés pour un jeune public, les artistes de la rue en mettront par contre plein la vue aux enfants, qui en redemanderont. Clowns, amuseurs publics, théâtre de rue et échassiers émerveilleront petits et grands. Par de belles soirées d'été, les festivaliers auront le loisir de déambuler dans les rues d'un Montréal festif et de découvrir ces artistes venus de partout pour faire rire.

Pour les gens de l'extérieur de la métropole, il existe des forfaits touristiques qui combinent nuitées, soupers et billets de spectacles. Pour ceux qui n'ont pas besoin d'hébergement, différents passeports et forfaits sont offerts à différents tarifs, selon les besoins.

En ces temps de crise économique, parions que le festival Juste pour rire connaîtra autant sinon plus de succès que par le passé. On a tous besoin d'oublier les tracas quotidiens et la morosité ambiante. Alors, quoi de mieux qu'un festival dédié à l'humour pour retrouver le goût de rire ?

Le Mondial des cultures
de Drummondville

Depuis 1982, à la mi-juillet, des danseurs et musiciens de partout se retrouvent à Drummondville pour une grande fête, durant laquelle ils partagent avec le public leur amour de la danse et des rythmes folkloriques. Il s'agit du Mondial des cultures de Drummondville, anciennement le Festival mondial de folklore de Drummondville. Durant 10 jours, la ville résonne et vibre au rythme de dizaines de groupes folkloriques. Offrant des spectacles où se mêlent danses et musiques traditionnelles de leur pays, les troupes partagent un pan de leur culture avec le public québécois. Depuis ses débuts, le festival a ainsi accueilli des troupes d'Armé-nie, de France, de Pologne, du Ghana, de Corée du Sud et du Chili, pour ne nommer que ceux-là. Le Mondial des cultures permet donc un véritable échange culturel entre amateurs et professionnels du folklore de partout dans le monde.

Tous les après-midi et même en soirée, on peut assister, sur l'un des nombreux sites, aux spectacles hauts en couleur. Il y a également quelques concerts de musique moins traditionnelle, plus populaire, auxquels s'ajoute le fameux défilé international pendant lequel les rues de Drummondville se transforment en parterre de danse à ciel ouvert, invitant les spectateurs à se déhancher tout en contemplant des centaines d'artistes venus des quatre coins du monde.

Fait intéressant, le Mondial des cultures de Drummondville, qui existe entre autres grâce à la participation de plus de 2 000 bénévoles, s'est doté depuis 3 ans d'un Comité vert. Outre qu'il récupère les différentes matières utilisées au cours du festival (bouteilles, plastiques, piles, cartons, etc.), ce comité sensibilise le public et les fournisseurs du festival, plante des arbres pour contrer la production de gaz à effet de serre engendrée par le transport des artistes étrangers et crée des outils faits à partir de matériaux recyclés utilisés par les bénévoles. Il s'agit donc d'un festival culturel vert dont les efforts écologiques valent la peine d'être soulignés.

On peut se procurer un macaron pour la durée totale du festival ou acheter un bracelet pour une journée. Le Mondial des cultures est par ailleurs gratuit pour les enfants de moins de 12 ans.

L'Internationale de la sculpture
de Saint-Jean-Port-Joli

Depuis une quinzaine d'années, le village de Saint-Jean-Port-Joli, qui, comme son nom l'indique, est un joli port de plaisance situé sur la Côte-du-Sud dans la région de Chaudière-Appalaches, accueille chaque année un symposium international de sculptures sur bois. Durant cinq jours, vers la fin juillet ou le début du mois d'août, le public est invité à voir travailler des sculpteurs professionnels d'ici et d'ailleurs. En effet, au cours de l'Internationale de la sculpture de Saint-Jean-Port-Joli, les artistes sculpteront leur œuvre à même une bille de bois mesurant 2,4 m (8 pi) et dont le diamètre varie de 60 à 70 cm (24 à 28 po).

La plupart des sculptures réalisées lors de cet événement s'ajoutent à celles des années précédentes et font de Saint-Jean-Port-Joli une véritable galerie d'art à ciel ouvert. Plus de 100 sculptures de taille peuvent ainsi être admirées, à longueur d'année, sur les berges du fleuve, dans le village et au parc des Trois-Bérets.

Au cours des cinq jours que dure l'Internationale de la sculpture, divers ateliers, conférences, expositions et démonstrations ont cours pour initier et intéresser le public, connaisseur ou non, à cet art qu'est la sculpture sur bois. C'est donc le moment idéal pour découvrir le village de Saint-Jean-Port-Joli qui est d'ailleurs réputé être «la capitale de la sculpture et des métiers d'art». Si toutefois les dates du symposium de la sculpture ne vous convenaient pas, nous vous suggérons une visite dans ce joli petit port de plaisance quelques semaines plus tard, vers la mi-août, pour la Fête des chants de marins. Vous aurez alors l'occasion d'admirer les nouvelles sculptures en place. Pendant quatre jours, le village vibre au rythme des chants marins du Québec et d'ailleurs. Si ce genre de rencontres a une longue histoire sur le Vieux Continent, particulièrement en Bretagne, la Fête des chants marins de Saint-Jean-Port-Joli est un événement nouveau en Amérique du Nord, pendant lequel la culture maritime est à l'honneur. Films, chants, spectacles, expositions, courses de voiliers, ateliers, conférences et autres activités, toutes portant sur le thème de la mer et de sa culture, ont lieu un peu partout dans le village.

Différents tarifs sont appliqués, mais les ateliers et les activités extérieures sont gratuits, et il en va de même pour toutes les activités (à l'exception des repas) pour les enfants de moins de 16 ans. Pour se rendre à Saint-Jean-Port-Joli, il suffit de prendre l'autoroute 20 jusqu'à la sortie 414. Toutefois, si vous avez un peu de temps devant vous, nous vous invitons plutôt à prendre la route 132 qui longe le fleuve et traverse de beaux villages pittoresques.

Le Symposium international d'art
contemporain de Baie-Saint-Paul

La magnifique région de Charlevoix est réputée pour ses paysages entre mer et monts dignes des cartes postales. Les artistes, à y avoir élu domicile, sont nombreux et les amateurs d'art connaissent bien ce coin où abondent galeries et ateliers d'artistes. C'est dans ce cadre idyllique qu'a lieu depuis 26 ans le Symposium international d'art contemporain de Baie-Saint-Paul.

Riche de ses artistes locaux, cette jolie petite ville accueille chaque mois d'août d'autres artistes québécois, canadiens et étrangers venus partager, entre eux et avec le public, leur passion commune pour l'art contemporain. Un mois durant, la douzaine d'artistes soigneusement sélectionnés travaillent devant le public sur une thématique bien précise. Pour le symposium de 2007, le thème imposé était *Ici et maintenant, s'engager dans l'art,* en 2008, c'était *Les connivences,* et en 2009, ce sera *Incroyables et merveilleuses.*

Au cours du symposium, les artistes tentent de réfléchir et de débattre autour de l'art et de ses pratiques. Longtemps axé uniquement sur la peinture, l'événement s'est désormais ouvert à d'autres formes d'art contemporain, dont la sculpture, le collage et la photographie. Il tente aussi de faire un lien entre ces arts et d'autres disciplines.

Le public est invité à participer aux différentes activités. Les dimanches ont lieu des rencontres où des artistes viennent parler de leur art et du projet qu'ils sont en train de réaliser. Des conférences, des tables rondes, des débats, des ateliers et des soirées cinéma en plein air attendent les mordus des arts et les curieux. Les enfants, quant à eux, ne sont pas en reste, car une série d'activités leur est spécialement destinée, notamment des ateliers de création. Les artistes en herbe auront donc bien du plaisir non seulement à mettre la main à la pâte pour créer leur propre œuvre ou participer à une création collective, mais aussi à côtoyer de vrais artistes qui pourront leur transmettre leur amour des arts. Peut-être vos enfants trouveront-ils leur vocation à Baie-Saint-Paul ?

Si vous planifiez un séjour dans la région de Charlevoix au mois d'août, pensez donc à faire un arrêt de quelques jours au Symposium international d'art contemporain. Vous y apprendrez certainement beaucoup et vous vous en mettrez plein la vue avec les projets des artistes présents.

Le Festival western de Saint-Tite

Vous l'aurez deviné, le Festival western de Saint-Tite, véritable fête de la culture western et country, se déroule dans la municipalité de Saint-Tite, en Mauricie, quelque part entre Montréal et Québec. Pendant 10 jours en septembre, la petite ville de 4 000 habitants se métamorphose en véritable ville du *Far West* et ses rues sont envahies par des cowboys venus des quatre coins de l'Amérique pour célébrer leur mode de vie western.

Ce festival a vu le jour il y a un peu plus de 40 ans et, depuis, son succès et sa notoriété ne cessent d'augmenter. Il a d'ailleurs obtenu le titre de «plus grande attraction western de l'est du Canada» et il s'agit de l'un des événements de country et de western les plus importants dans l'est du continent. Concerts de musique country, spectacles de danse en ligne, soirées dansantes, rodéos professionnels et amateurs, compétitions équestres et bien d'autres activités y attendent les festivaliers.

Pour les amateurs d'équitation western, ce festival est *le* rendez-vous annuel à ne pas manquer. Des mois à l'avance, les cowboys dans l'âme préparent leur voyage à Saint-Tite, où ils auront l'occasion de parader, en famille bien souvent, avec leurs meilleurs chevaux lors du grand défilé. En effet, le premier dimanche du festival (qui commence un jeudi) a lieu dans les rues de la ville le plus grand défilé à traction entièrement chevaline du Canada.

Toutefois, l'attraction la plus spectaculaire du festival est son fameux rodéo. Comme dans les films, on y voit les participants chevaucher des taureaux et des chevaux sauvages, avec ou sans selle, tandis que ces derniers tentent vigoureusement et rageusement de se défaire de leur passager. Cris, sueur, émotions et stress garantis! On peut également voir les cowboys attraper un veau au lasso en solitaire ou attraper un bouvillon et le terrasser en équipe. Les participants du rodéo doivent également démontrer leur habileté, notamment lors de la course entre barils. Un spectacle où les spectateurs vivent quasiment autant d'émotions que les participants.

Les enfants sont également les bienvenus au festival. Une place de la famille les attend avec des activités et des animations spécialement conçues pour eux.

Si vous avez envie de prendre la route en septembre et que vous aimez les rassemblements et les chevaux, ou par simple curiosité, ne manquez surtout pas le célèbre Festival western de Saint-Tite. Peut-être y découvrirez-vous une passion pour la culture country, qui sait?

Le Carrousel international du film
de Rimouski

Chaque automne, dans le Bas-du-Fleuve, se tient le Carrousel international du film de Rimouski. Destiné aux enfants, ce festival présente durant toute une semaine des films venus des quatre coins du monde. Son objectif est de promouvoir le cinéma jeune public, d'où qu'il soit.

Depuis ses débuts, on y a vu des films québécois et canadiens, bien sûr, mais aussi français, brésiliens, néo-zélandais, sud-africains ou encore sri lankais. Sans quitter le Québec et pendant une semaine, les enfants sont ainsi éveillés aux réalités d'ailleurs et découvrent avec plaisir et curiosité de nouvelles cultures par le biais de films et de dessins animés montrant des univers et des cultures inconnus de la plupart d'entre eux. Participer à un tel festival permet aux jeunes, non seulement de s'ouvrir sur le monde et de découvrir des pays où les mœurs sont totalement différentes des leurs, mais également d'être initiés aux métiers du cinéma et à tout ce qui entoure la création d'un film.

En plus des projections de films, des ateliers d'éducation ciné-matographique, de formation et de production ainsi que des échanges avec des artisans du milieu d'un peu partout ont lieu pendant le fes-tival. D'autres activités viennent aussi compléter la programmation : une nuit blanche remplie de films, des conférences, des expositions, des kinos-cabarets (où de jeunes réalisateurs créent un court-métrage d'une durée de cinq minutes, en deux jours à peine, pour le présenter au public lors des cabarets) et un café-rencontre où les festivaliers peuvent échanger avec les artisans du cinéma.

Initié en 1983, le Carrousel de Rimouski s'est désormais acquis une réputation internationale et a permis à cette ville de jouir d'une importante renommée en matière de culture cinématographique. Fort de son succès, le Carrousel offre, depuis bientôt 10 ans, une tournée à travers 25 villes du Québec et de l'Ontario, où il s'arrête pen-dant 3 jours, soit jeudi, vendredi et samedi. Là encore, en plus de la dizaine de films présentés, des activités éducatives avec des artisans du cinéma sont offertes dans le cadre scolaire aux élèves de sixième année.

Pour voyager en famille de par le monde à petit budget tout en découvrant la ville de Rimouski et ses alentours, le Carrousel international du film de Rimouski est l'occasion rêvée.

Le Festival du cinéma international
en Abitibi-Témiscamingue

On compte de nombreux festivals de cinéma dans la province, entre autres : le Festival de cinéma des trois Amériques à Québec, le Festival des films du monde de Montréal et le Festival du film de l'Outaouais à Gatineau. Certains sont même spécialisés, comme FanTasia à Montréal, le Festival de films de Portneuf sur l'environnement et le festival Vues d'Afrique, pour ne nommer que ceux-là. Nous nous arrêterons là, car la liste pourrait s'allonger encore longtemps.

C'est l'un d'entre eux que nous vous invitons à découvrir : le Festival du cinéma international en Abitibi-Témiscamingue, qui se déroule à Rouyn-Noranda depuis plus d'un quart de siècle. Du dernier samedi du mois d'octobre au jeudi suivant, soit pendant six jours, quelque quatre-vingts courts, moyens et longs métrages provenant d'une vingtaine de pays sont présentés à un public composé d'amateurs et de connaisseurs. Certaines de ces projections sont des premières nord-américaines, parfois même mondiales. À ces projections sont présents des comédiens et divers intervenants du septième art comme des réalisateurs, des distributeurs et des producteurs, invités à venir présenter leur film et à partager leur expérience avec le public.

Les différentes œuvres cinématographiques, documentaires, fictions et films d'animation, sont regroupées en blocs de quatre heures et les représentations ont lieu en après-midi et en soirée. Le dimanche matin est quant à lui consacré aux familles, avec des projections destinées aux enfants.

La particularité de ce festival, ce qui en fait son charme et sa renommée internationale, est qu'il se démarque de la plupart des autres festivals par son ambiance bon enfant. Pas de tapis rouge ni de chichis malgré la présence de plusieurs invités de marque. Mais au contraire, une ambiance festive où le public côtoie les artisans du cinéma le plus simplement du monde.

La région de l'Abitibi-Témiscamingue, reconnue pour ses grands espaces vierges, sa forêt boréale et ses décors sauvages, mais aussi pour ses mines, compte à peine 150 000 habitants. Les festivaliers venus de l'extérieur ont la chance et le bonheur de pouvoir profiter de l'accueil chaleureux des gens du coin tout en découvrant une région plutôt éloignée et riche en activités de plein air : chasse, pêche, randonnée en forêt, etc. Les Européens et les autres étrangers y trouvent vraiment la matérialisation de l'image typique qu'ils se font souvent du Québec : de grands espaces vierges et une population chaleureuse.

Si vous n'avez jamais visité cette région, c'est une occasion en or. D'autant plus qu'à la fin d'octobre, la saison des mouches noires et des maringouins, voraces dans la région, sera fort heureusement terminée.

Chapitre 4

Les dix livres qu'il faut avoir lus

L a littérature québécoise, encore bien jeune à côté de certaines littératures étrangères, est en plein foisonnement depuis plus d'une soixantaine d'années. Plusieurs écrivains d'ici se sont penchés sur le Québec et sa culture dans le but d'en tracer un portait parfois véridique, parfois embelli, parfois dur, mais toujours captivant.

On a longtemps pensé à tort que le roman d'ici se limitait à une littérature du terroir redondante et plus ou moins intéressante pour le lecteur moderne. Pourtant, les romans québécois de la dernière génération, loin de tourner en rond, ont su renouveler le genre (le succès d'auteurs québécois à l'étranger en est d'ailleurs un écho) et s'offrir en une variété qu'on n'aurait pas crue possible il y a encore 50 ans, allant de l'autofiction à la science-fiction en passant par le roman policier.

Les 10 ouvrages proposés ici prouvent non seulement qu'il se fait au Québec de l'excellente littérature, mais aussi qu'il y en a pour tous les goûts!

Bonheur d'occasion,
Gabrielle Roy (1945)

Florentine Lacasse, personnage central du roman, est âgée de 18 ans et travaille comme serveuse afin d'aider financièrement ses parents et ses nombreux frères et sœurs. Elle fera la rencontre de Jean Lévesque et d'Emmanuel Létourneau, qui marqueront sa vie à jamais. Parallèlement aux aventures de Florentine, Gabrielle Roy nous décrit, dans ce roman, les problèmes et soucis des membres de la famille Lacasse, surtout ceux des parents, Rose-Anna et Azarius.

C'est en effet le portrait de la misère et de la pauvreté quotidienne que nous offre Gabrielle Roy. À travers le récit émouvant de la vie des personnages, elle sait nous ancrer dans les soucis de l'époque, clairement inscrite dans la trame du roman : entre la Seconde Guerre mondiale, la fin de la grande dépression et la mentalité des personnages, le lecteur comprend aisément que les temps sont durs. Florentine, qui ose rêver d'une vie meilleure, amène un peu d'espoir dans un récit qui, sans elle, n'aurait dépeint que la fatalité d'une famille pauvre. Si tous les personnages ont l'espoir d'un avenir meilleur, ils cherchent, à défaut d'un bonheur réel, un *bonheur d'occasion*. Pour Florentine, le changement semble possible.

Si ce roman de Gabrielle Roy représente un véritable tournant dans la littérature québécoise, d'où la place importante qu'il y tient, c'est qu'on y dépeint pour la première fois la classe ouvrière et leur réalité urbaine. *Bonheur d'occasion* est en effet l'un des premiers romans de ce genre et c'est autour de son époque de parution que les récits du terroir ont commencé à prendre du recul.

Bonheur d'occasion a remporté plusieurs prix littéraires. En plus d'être abondamment traduit, il est encore aujourd'hui un roman souvent étudié dans les écoles de la province et de la francophonie, probablement parce que, outre sa marque historique dans la littérature québécoise, ses thèmes principaux (famille, pauvreté et espoir) sont encore et toujours d'actualité. *Bonheur d'occasion* décrit d'ailleurs le quartier Saint-Henri avec une telle justesse qu'une murale lui a été consacrée dans la station de métro Place-Saint-Henri : dans un mur de briques orangées, le titre du roman est tracé en briques de couleurs vives, rappelant ainsi les durs moments vécus par de nombreuses familles du quartier.

Originaire de Saint-Boniface, une ville francophone du Manitoba, Gabrielle Roy a longtemps vécu au Québec. C'est en visitant Montréal pour la production d'un reportage sur la Métropole pour le *Bulletin des agriculteurs* qu'a germé en elle la trame de *Bonheur d'occasion* : indignée par la misère dans laquelle vivaient plusieurs familles, elle a en fait un roman...

♦ ROY, Gabrielle. *Bonheur d'occasion*, coll. Boréal compact, Montréal, Éditions du Boréal, 1993, 413 p.

Une saison dans la vie d'Emmanuel,
Marie-Claire Blais (1965)

Emmanuel est le seizième enfant d'une famille québécoise rurale. Pendant un hiver, on suit la vie et le quotidien chargés de misère de sa très nombreuse parenté, dont celui, plus présents, de ses frères Jean Le Maigre et Le Septième, de sa sœur Héloïse et de sa grand-mère Antoinette, personnage-clé du roman. Cette figure forte, rigide, qui incarne le passé et sa droiture, vit aussi avec eux.

Ce roman est un portrait sombre de la société d'une époque qui, même si elle n'est pas clairement précisée, est antérieure à la Révolution tranquille, probablement autour des années 1930 ou 1940.

Le quotidien miséreux de la famille y est décrit sans embellissement : le ton du roman est noir, à l'image des nombreux obstacles et problèmes familiaux que traversent les personnages. Dans le destin d'une famille pauvre, la misère règne : comme celui des saisons, le cycle de la misère est éternel, les femmes mettant au monde un enfant par année, les tâches se répétant sans fin, les chances de s'en sortir peu nombreuses et peu accessibles, d'autant que la volonté de s'en sortir n'est pas suffisante pour y parvenir. Par ailleurs, la domination du clergé, très présente, fait que plusieurs de ces problèmes sont de l'ordre du tabou et de l'interdit.

Dans ce tableau de la famille d'Emmanuel, Marie-Claire Blais confronte des thèmes tels que jeunesse et vieillesse, rigidité et souplesse, rêve et réalité, beauté et laideur. C'est ainsi qu'elle dépeint la famille typique, à la fois castratrice, omniprésente et étouffante. La lecture du roman est troublant le malaise et le mal-être des personnages sont on ne peut plus perceptibles, preuve que l'auteure vise juste.

Marie-Claire Blais fait partie du paysage littéraire québécois depuis plus de 40 ans : la très prolifique auteure publie encore aujourd'hui et a reçu une vingtaine de prix littéraires, en France comme au Québec.

♦ BLAIS, Marie-Claire. *Une saison dans la vie d'Emmanuel*, coll. Boréal compact, Montréal, Éditions du Boréal, 1991, 165 p.

L'avalée des avalés,
Réjean Ducharme (1966)

Bérénice, personnage principal du roman, invite le lecteur à partager un univers familial pour le moins particulier. Ses parents, de confessions différentes et incapables de s'entendre, ont décidé de se partager l'éducation de leurs enfants : Bérénice sera juive comme son père, Christian sera catholique comme sa mère. C'est de ce milieu non traditionnel qu'émerge Bérénice, profondément révoltée à la fois contre son père, contre sa mère, contre la religion et contre l'âge adulte. Le roman témoigne de la rébellion de tous les instants de cette jeune fille troublée, d'une lucidité précoce, et qui refuse de vieillir.

Ce récit respire la révolte, la marginalité, la folie et le délire. La narration, assurée par Bérénice, est envoûtante autant que déroutante : on ne sait pas jusqu'où ira le non conformisme de cette jeune fille. C'est aussi un roman de famille, car Bérénice, dans son délire, voue un amour excessif à son frère Christian.

L'avalées des avalés, c'est l'enfance sans euphémisme, sans embellissement, sans histoire rassurante et réconfortante. C'est la lucidité même. Bérénice refuse de se soumettre à tout ce qui pourrait lui faire perdre son caractère d'enfant : elle s'oppose, entre autres, aux religions, aussi bien juive que catholique, auxquelles ses parents essaient de l'intéresser. Elle rejette aussi d'un bloc le monde des adultes et l'hypocrisie qui y règne, les dénonçant largement, sans compromis.

Selon son âge et sa personnalité, chacun fera une lecture différente du roman, s'identifiant ou non à Bérénice. *L'avalées des avalés* gagne donc à être lu et relu, bien qu'il ne soit pas un livre facile : si la lecture s'en fait rapidement, le propos, loin d'être léger, flirte quant à lui avec la folie. Les cinéphiles apprécieront par ailleurs le clin d'œil fait au roman de Ducharme dans *Léolo*, de Jean-Claude Lauzon.

Acclamé à sa publication en 1966, ce premier roman de Réjean Ducharme a suscité des controverses, entre autres, à cause du mystère entourant son auteur. Réjean Ducharme est en effet un mythe du monde littéraire québécois : on n'a de lui que deux anciennes photographies. Personne ou presque ne sait qui se cache derrière cet auteur de pièces et de livres marquants, puisque depuis plus de 40 ans, il refuse d'accorder des entrevues et de se présenter à la promotion de ses œuvres ou à la première de ses pièces. Oui, Réjean Ducharme cultive le mystère qui l'entoure.

♦ DUCHARME, Réjean. *L'avalée des avalés*, coll. Folio, Paris, Gallimard, 1982, 281 p.

Chroniques du Plateau-Mont-Royal, Michel Tremblay (1978 à 1997, 2000)

Les Chroniques du Plateau-Mont-Royal sont un cycle de six romans publiés entre 1978 et 1997 : *La grosse femme d'à côté est enceinte, Thérèse et Pierrette à l'école des Saints-Anges, La Duchesse et le Roturier, Des nouvelles d'Édouard, Le premier quartier de la lune* et *Un objet de beauté*. Si les six romans sont facilement appréciables individuellement, leur réédition sous la forme d'un seul volume, en 2000, a donné une nouvelle cohérence à l'ensemble : mis bout à bout, ces récits n'en forment plus qu'un. D'ailleurs, les personnages, qui reviennent d'un roman à l'autre, sont étroitement liés : on suivra donc, entre autres, les aventures de Thérèse, de Marcel, d'Édouard et de la Grosse Femme d'à côté.

Ces romans ne prétendent pas nous offrir un portrait de la vie quotidienne des personnages, dont on devine pourtant la lourde et pénible routine. L'action de chaque œuvre des *Chroniques* se déroule en effet sur une période relativement courte, ce qui rend la lecture trépidante et rapide. En plus de 1 000 pages, Tremblay nous fait visiter ses univers de prédilection : le milieu familial d'abord, dans lequel les femmes jouent un rôle central, puis celui des bars de travestis.

Cette saga familiale, qui débute en 1942, s'échelonne sur une vingtaine d'années. Elle présente des personnages attachants, vrais et simples, que certains amateurs de théâtre connaissent peut-être déjà. Que ceux et celles qui n'ont jamais lu de Michel Tremblay ne se sentent pas intimidés par son univers dans lequel les personnages circulent d'une œuvre à l'autre : ses romans ont assurément la qualité d'être accessibles et touchants. L'écriture y est fluide, tout comme la lecture qu'on en fait. On tourne les pages d'autant plus rapidement que certains romans se déroulent dans l'espace d'une seule journée.

Les *Chroniques* de Tremblay ne représentent pas tant la jeunesse de l'auteur – puisqu'il ne s'agit bien évidemment pas d'une œuvre autobiographique à proprement parler – que celle d'une génération, présentant un grand récit de la mémoire collective d'une époque. Le texte de Michel Tremblay respire la culture québécoise, d'abord par la langue, bien sûr, qui combine le joual et le littéraire, mais aussi par la description faite du mode de vie, des habitudes, de la mentalité et de la routine des personnages, allant des tâches ménagères à la nourriture.

C'est sans aucun doute une série de romans qui contient beaucoup de diversité. Entre les histoires d'enfance pleines de candeur et les récits d'adolescence et de découverte de soi, l'auteur nous fait vivre, à travers ses personnages mémorables, des émotions allant de la nostalgie de l'enfance à l'empathie pour ceux et celles qui cherchent leur identité.

Michel Tremblay est un auteur incontournable quand il s'agit de littérature québécoise. Si le grand public a pu le découvrir grâce à ses pièces de théâtre, notamment *Les Belles-Sœurs*, ses romans ont eux aussi de quoi susciter l'intérêt.

TREMBLAY, Michel. *Chroniques du Plateau Mont-Royal*, coll. Thesaurus, Montréal, Leméac et Arles, Éditions Actes Sud, 2000, 1 171 p.

Le Matou, Yves Beauchemin (1981)

Florent Boissonneault, jeune vendeur de disques montréalais, est incité par Egon Ratablavasky, vieillard mystérieux et très riche, à faire l'achat d'une binerie. Ratablavasky fournit même à Florent l'aide financière nécessaire. Ce dernier cède et se retrouve empêtré, avec sa femme Élise, dans une série d'événements toujours vraisemblables, mais inattendus, auxquels le vieux Ratablavasky ne semble d'ailleurs jamais étranger. Se greffent au récit les personnages de Monsieur Émile, jeune garçon de six ans délaissé par sa mère, ainsi que de son chat, d'où le titre du roman.

Une quarantaine d'autres personnages traversent le récit, ce qui accroît le rythme de lecture, sans pour autant que cela induise une quelconque confusion dans ce récit effréné, et qui témoigne du talent de Beauchemin. Malgré ses quelque 500 pages, le roman ne renferme aucun temps mort : les péripéties se suivent à un rythme ahurissant qui incite le lecteur à tourner rapidement les pages et à ne lâcher le livre qu'une fois la lecture terminée…

Ceux et celles qui se lassent rapidement des descriptions lyriques et des étalements d'états d'âme de personnages seront ici amplement satisfaits, puisque les personnages, loin de manquer de profondeur, sont davantage caractérisés par leurs actions. L'humour est aussi l'une des caractéristiques principales du roman : l'auteur a semé, tout au long du récit, des phrases et des événements qui font sourire. Cette œuvre d'Yves Beauchemin est irrémédiablement montréalaise, tant par ses lieux (binerie et quartier du Plateau-Mont-Royal) que par ses personnages.

Le Matou tient sa place dans le palmarès des meilleures ventes québécoises depuis plus de 20 ans, et l'auteur en a publié une version revue et corrigée en 2007. Mais le succès du *Matou* n'est pas que québécois : les Français ont eux aussi succombé au charme de l'écriture d'Yves Beauchemin, et le roman a été traduit en 17 langues. Il a d'ailleurs fait l'objet d'une adaptation cinématographique tout aussi connue, réalisée par Jean Beaudin. Le roman s'est par ailleurs mérité quatre grands prix littéraires, deux au Québec et deux en France.

Yves Beauchemin, originaire de l'Abitibi, vit à Montréal depuis plusieurs années. Il s'agit d'un auteur prolifique dont le premier roman a été publié en 1975 et qui écrit toujours aujourd'hui. Plusieurs de ses œuvres ont remporté des prix. Notons aussi qu'il est l'un des rares auteurs québécois qui puisse se targuer de vivre de sa plume…

♦ BEAUCHEMIN, Yves. *Le Matou, Édition définitive*, Montréal, Fides, 2007, 672 p.

Les Fous de Bassan,
Anne Hébert (1982)

Les Fous de Bassan raconte l'histoire de Griffin Creek, petit village habité par une communauté anglophone isolée établie au Québec depuis la guerre d'indépendance des États-Unis. L'été 1936 bouleversera à jamais la vie de ses habitants, presque tous parents : deux adolescentes, Nora et Olivia, qui sont cousines, disparaissent mystérieusement. Un mois plus tard, leurs corps morcelés sont retrouvés sur la côte. Parmi les suspects figure Stevens Brown, un de leurs cousins qui revient à peine d'un voyage de plusieurs années, et que la communauté semble silencieusement protéger.

Le roman, qui se déroule après le drame, compile les témoignages de plusieurs personnages sous forme d'extraits de journal intime, de lettres et de confessions. Ainsi, au fur et à mesure des chapitres, non seulement ces différents genres littéraires dynamisent remarquablement la lecture du roman, mais on découvre aussi, au fil des confidences et des *flash back*, ce qui est arrivé aux deux jeunes filles, qui sont les personnages et quel est leur passé. L'énigme se dissout ainsi, jusqu'au dénouement final, et même si le récit des évènements n'est pas chronologique, le fil de l'histoire se suit aisément.

La nature tient une place importante dans le roman : les villageois vivent sous l'emprise de la mer, du vent, des intempéries. Les autres thèmes développés sont tout aussi courants dans la littérature québécoise : entre le retour de l'exil, illustré par le personnage de Stevens Brown, et les rites qui entourent le passage de l'enfance à l'âge adulte, représentés par les cousines Nora et Olivia, *Les Fous de Bassan* est sans conteste un roman « de chez nous ».

 Anne Hébert est une auteure québécoise dont la réputation a traversé nos frontières. *Les Fous de Bassan* lui a valu le prix Femina en 1982, prix décerné chaque année par un jury entièrement féminin.

♦ HÉBERT, Anne. *Les Fous de Bassan*, coll. Points, Paris, Seuil, 1998, 248 p.

Volkswagen Blues,
Jacques Poulin (1984)

Le Québécois Jack Waterman, écrivain, entreprend un long voyage dont il ignore, au départ, l'ampleur. Il part à la recherche de son frère Théo, dont il n'a pas eu de nouvelles depuis de nombreuses années, en suivant les indices ténus que lui fournit la dernière carte postale de ce dernier. Dans cette errance, il sera aidé par Grande Sauterelle, jeune Amérindienne qu'il rencontre aux premiers instants de son expédition. Personnages « miroirs », ils se chercheront eux-mêmes, ensemble : Jack et Grande Sauterelle, homme et femme, Blanc et Amérindienne.

Le roman raconte l'errance et la recherche de soi, de sa propre identité, de ses origines. S'y retrouvent des thèmes chers aux auteurs québécois : d'abord, la liberté, centrale dans cette longue errance, puis la famille. De Gaspé à San Francisco, Poulin nous amène d'est en ouest dans une quête identitaire triple : alors que Jack cherche à la fois son frère et lui-même et que Grande Sauterelle cherche ses origines amérindiennes, on perçoit à travers leur quête aussi bien la recherche identitaire du jeune continent américain, incertain de ses racines, que la recherche de l'identité québécoise, à mi-chemin entre un héritage français et une culture états unienne proche et puissante.

Poulin écrit brillamment le malaise de ses personnages et leur recherche de paix intérieure : on perçoit aisément ce qui anime Jack et Grande Sauterelle, même si les motivations profondes de leur quête ne sont jamais explicitement énoncées. Son roman a souvent été associé à *Sur la route (On the Road)* de l'auteur américain Jack Kerouac. Petit plus pour les voyageurs : les personnages parcourent l'Amérique d'est en ouest et en tracent un portrait qui fait rêver ou qui rappelle des souvenirs...

 Jacques Poulin, originaire de la Beauce, est l'auteur de nombreux romans, dont plusieurs ont été primés. Il vit aujourd'hui à Paris.

Même si *Volkswagen blues* est probablement le plus connu des romans de Jacques Poulin, ses lecteurs savent à quel point cet auteur 1 qui publie encore régulièrement – nous offre un roman tous les trois ou quatre ans, environ – possède un univers qui lui est propre.

♦ POULIN, Jacques. *Volkswagen blues*, coll. Babel, Arles, Actes Sud, 1999, 328 p.

Comment faire l'amour
avec un nègre sans se fatiguer,
Dany Laferrière (1986)

Le roman de Dany Laferrière, dont le titre pourrait à tort donner l'impression qu'il s'agit d'un manuel d'instructions, a suscité beaucoup de réactions lors de sa publication : l'auteur a dû donner plus de 200 entrevues dans les semaines qui ont suivi l'arrivée du livre en librairie.

Deux jeunes hommes noirs, tous deux chômeurs, le narrateur et son colocataire Bouba, partagent une chambre dans les environs du carré Saint-Louis, à Montréal. Pendant que Bouba lit Freud et le Coran, le narrateur essaie d'écrire un roman. Leur libido démesurée, centrale dans le récit, semble se déployer autour d'un penchant radical pour les femmes blanches. Le roman ironise à propos des clichés sur les Noirs et leur (supposée) insatiable libido.

La forme du roman est résolument moderne : il serait faux d'affirmer qu'il est rempli de rebondissements et d'imprévus. Pour Bouba et le narrateur, la vie quotidienne est répétitive. Plutôt que la vie des personnages, c'est la façon dont est racontée cette routine qui fascine. L'auteur utilise l'humour avec abondance et talent, ce qui dissimule un second degré sans lequel le roman perdrait tout intérêt : en abordant de face un sujet que peu d'auteurs osent toucher aussi directement, soit la sexualité dans sa multiplicité, Laferrière sait faire en sorte que le lecteur s'interroge et réfléchisse sur le racisme envers les Noirs.

Ce roman, certes amusant, porte tout de même à réflexion. Le titre l'annonce et le résumé le confirme : le ton de l'ouvrage est parfois grivois et cru. Toutefois, soutenus par les bonnes questions, les propos de Laferrière échappent à la vulgarité. Il faut toutefois être averti d'un certain contenu quand on en entame la lecture…

Contrairement à beaucoup d'autres écrivains d'origine étrangère, Laferrière choisit de camper son premier roman en sol montréalais et y aborde avec humour et intelligence sa situation d'immigrant.

Dany Laferrière a dû fuir l'Haïti des Tontons Macoutes et est établi au Québec depuis 1976. Il est l'un des premiers écrivains de l'écriture migrante au Québec. Depuis ce premier roman, il en a écrit une quinzaine d'autres, en plus de deux scénarios (*Comment conquérir l'Amérique en une nuit* et *Le goût des jeunes filles*). Il a aussi participé à plusieurs émissions de télévision. *Comment faire l'amour avec un nègre sans se fatiguer* a été porté à l'écran par Jacques W. Benoît en 1989.

♦ LAFERRIÈRE, Dany. *Comment faire l'amour avec un nègre sans se fatiguer*, coll. Typo, Montréal, Éditions Typo, 2002, 178 p.

Le goût du bonheur,
Marie Laberge (2000-2001)

Le goût du bonheur est une saga en trois volumes (*Gabrielle*, *Adélaïde* et *Florent*) qui s'échelonne de 1930 à 1967, où l'on suit trois personnages et ceux qui les entourent : d'abord Gabrielle, ensuite sa fille Adélaïde, puis Florent, l'ami de cette dernière (d'où le nom de chacun des tomes). Le lecteur est invité à suivre leur lutte contre leur époque, les obstacles qu'ils rencontreront et leur recherche du bonheur.

À travers le vécu de ces personnages s'inscrit toute l'histoire contemporaine du Québec, de la Grande Dépression à l'Expo 67, avec ses débats, ses tabous et les transgressions que cela implique. Les 2 000 pages de cette suite historique ont de quoi impressionner, il faut l'admettre : chaque tome compte à lui seul plus de 600 pages. Que les lecteurs se rassurent, l'écriture de Marie Laberge est fluide et légère et elle sait à coup sûr capter l'attention par la profondeur des émotions qu'elle décrit.

Au-delà de ses personnages attachants et plus grands que nature, la saga de Marie Laberge est un véritable panorama de la culture et de la société québécoise moderne. L'auteure s'est d'ailleurs longuement documentée avant d'entreprendre l'écriture de cette fresque historique. Ainsi, c'est avec une grande rigueur et un énorme souci d'exactitude et de justesse qu'elle nous entraîne de la lutte des suffragettes jusqu'au recul de l'Église, en passant par les épreuves qui s'imposent (famine, tuber-culose, pauvreté) et les relations tendues entre Canadiens anglais et Canadiens français. Même la communauté juive y est représentée.

Le titre de la trilogie est inspiré d'une question qui a motivé l'écriture de l'auteure : comment les gens trouvaient-ils le bonheur à des époques aussi difficiles que celle de la Grande Dépression ou de la Seconde Guerre mondiale ? C'est la grande indignation et l'insa-tisfaction qui animent les personnages, leur détermination à aller au-delà des obstacles pour leur propre bonheur qui donnent à l'œuvre sa dimension humaine. Par ses romans, Marie Laberge montre avec succès que la révolution n'arrive pas par magie, mais bien parce que des individus font chacun leur bout de chemin et amènent le chan-gement petit à petit.

Même si Marie Laberge a étudié en théâtre et écrit des pièces pendant une vingtaine d'années, c'est surtout pour ses romans que le grand public la connaît. Sa trilogie ne peut être ignorée : les romans *Gabrielle*, *Adélaïde* et *Florent* figurent parmi les meilleures ventes de l'histoire de la littérature québécoise, puisque plus de 500 000 exemplaires ont été vendus en sol québécois.

♦ LABERGE, Marie. *Le goût du bonheur, Tome 1 : Gabrielle*, coll. Boréal compact, Montréal, Éditions du Boréal, 2000, 605 p.

♦ LABERGE, Marie. *Le goût du bonheur, Tome 2 : Adélaïde*, coll. Boréal compact, Montréal, Éditions du Boréal, 2001, 648 p.

♦ LABERGE, Marie. *Le goût du bonheur, Tome 3 : Florent*, coll. Boréal compact, Montréal, Éditions du Boréal, 2001, 758 p.

Contes de village, Fred Pellerin (2005)

Le coffret *Contes de village* regroupe le texte intégral de trois des spectacles de Fred Pellerin : *Dans mon village, il y a belle Lurette* (2001), *Comme une odeur de muscles* (2003) et *Il faut prendre le taureau par les contes* (2005). Chaque volume présente un éventail de contes portant sur les habitants de Saint-Élie-de-Caxton, village natal de Fred Pellerin rendu plus grand que nature grâce à son talent de conteur.

À travers les aventures des habitants de ce village de la Mauricie, Fred Pellerin sait nous émouvoir et faire passer simplement des messages réconfortants. Les images magnifiques, dans le même esprit que les jeux de mots qui constituent les noms de ses spectacles, ont tout pour plaire. Si certains événements semblent agrémentés de détails imaginaires, on ne décroche pas du récit pour autant : la poésie réconfortante de Fred Pellerin trouve toujours son chemin, même chez les plus sceptiques.

Bien sûr, se faire raconter un conte et le lire sont deux choses différentes : le coffret *Contes de village* offre ces deux plaisirs, puisqu'il inclut à la fois les textes et les disques compacts des spectacles. Ainsi, les personnages sont à la disposition de nos oreilles et de notre imagination : Babine (plus connu depuis la sortie du film du même nom), Toussaint Brodeur, la belle Lurette…

L'auteur-conteur propose en effet sa propre mythologie, mettant en vedette ses propres personnages. Étrangement, l'esprit des contes traditionnels québécois s'y retrouve, sans pour autant que Fred Pellerin s'y conforme ou s'y limite. Sans artifice aucun, il nous fait voyager par la simple magie des mots et des images qu'elles évoquent : un monde humain animé par de belles valeurs. Ça fait du bien !

Lire Fred Pellerin, c'est prendre le temps de réfléchir sur plusieurs sujets : le temps, la famille, la poésie. C'est aussi renouer avec un esprit de village et une mémoire collective, ce qu'on a rarement l'occasion de faire de nos jours. À la portée de tous, ces textes sont toujours magnifiques, savent (ré)susciter notre imagination et faire naître des images.

Fred Pellerin, que l'on a appris à connaître depuis quelques années, s'est fait une place de choix dans l'univers du conte : c'est d'ailleurs à lui que l'on doit un certain retour du récit traditionnel dans la tendance populaire. À 30 ans, il avait déjà laissé une empreinte bien personnelle dans la culture québécoise et présenté ses spectacles à plus de 2 000 reprises à travers la francophonie. Il a par ailleurs écrit le scénario de *Babine*, long métrage réalisé par Luc Picard, et vient de remporter, avec son frère, un Félix pour leur album *Fred et Nicolas Pellerin*.

♦ PELLERIN, Fred. *Contes de village*, coll. Livre
+ disque compact, Montréal, Éditions
Planète Rebelle, 2006, trois livres et trois

Chapitre 5

Les dix films qu'il faut avoir vus

E n 1896, le public québécois voit pour la première fois les films des frères Lumière, et en 1906, le premier cinéma de la province, le Ouimetoscope, ouvre ses portes sur la rue Sainte-Catherine à Montréal. Cependant, ce n'est pas pour autant que le cinéma québécois naît véritablement (malgré la production, dans les années 1920, de quelques films pédagogiques sur les techniques d'élevage de poules, entre autres), car l'Église catholique de cette époque s'oppose farouchement à la diffusion de films. Il faudra attendre la fin des années 1930 pour que le cinéma québécois prenne véritablement son envol, ironiquement, grâce à monseigneur Albert Tessier et à l'abbé Maurice Proulx, après que le pape ait déclaré que « le cinéma n'était ni bon, ni mauvais, et que cela dépendait de l'usage qu'on en fait »…

L'Office national du film, qui marquera la véritable émancipation du cinéma d'ici, est fondé pendant la Seconde Guerre mondiale. C'est durant cette période que sont créés des films comme *La petite Aurore, l'enfant martyre* et *Un homme et son péché*. En 1956, l'ONF déménage à Montréal et c'est à ce moment que l'on découvre de talentueux réalisateurs : Michel Brault, Claude Jutra, Marcel Carrière, Pierre Perreault, Gilles Groulx et Gilles Carle, pour ne nommer que ceux-là. Ces derniers se démarquent grâce à leur approche du cinéma direct et à leur style inspiré de la Nouvelle Vague française. Ces cinéastes donneront le ton au cinéma québécois des années 1960 et 1970, tant sur le plan esthétique que dans les différents thèmes abordés. Cette époque est d'autre part marquée par plusieurs films pseudoérotiques comme *Valérie, l'initiation* ou *Deux femmes en or*.

Les années 1980 et le début des années 1990 sont marqués par une baisse de popularité du cinéma québécois. En effet, à part quelques films (*Elvis Gratton, Le déclin de l'empire américain, Cruising bar*), le cinéma québécois bas de l'aile. Il faudra attendre la fin des années 1990 pour que des films comme *Les Boys* ou *C't'à ton tour, Laura Cadieux* ramènent le public québécois dans les salles.

Depuis le début du nouveau millénaire, entre autres grâce à des budgets plus grands et à une exploration des genres cinématographiques qui semble plaire au public, le cinéma québécois vit un véritable rêve : en 2005, 17 % des films qui ont été vus en salle étaient québécois. Il s'agit d'un taux comparable à celui de l'Australie. On remarque par ailleurs que plusieurs séries de télévision font le saut au grand écran (*Séraphin, Le survenant, Dans une galaxie près de chez vous, Grande Ourse*).

POUR LA SUITE DU MONDE

RÉALISATION ET SCÉNARIO : Michel Brault, Pierre Perreault
INTERPRÈTES : Les habitants de l'île aux Coudres
ANNÉE : 1962
DURÉE : 105 min
VISA : Général

Sur l'île aux Coudres, petite île au milieu du fleuve Saint-Laurent à la hauteur de Charlevoix, une équipe de cinéastes convainc les habitants de raviver la chasse aux marsouins, interrompue depuis 1924, afin de transmettre d'une génération à une autre cette tradition en héritage… pour la suite du monde.

Pour la suite du monde est le premier film québécois à se voir accorder la mention « 1 », soit « chef-d'œuvre », par l'agence de presse cinématographique Médiafilm, la référence au Québec en évaluation de films. Ce film est curieusement considéré comme étant le représentant du cinéma-vérité québécois, alors qu'on devrait plutôt le catégoriser comme étant une *docufiction*, puisque ce sont les réalisateurs du film qui sont à l'origine du récit. Ce sont eux en effet qui ont convaincu les insulaires de faire renaître la pêche aux bélugas – ou aux marsouins comme le disent les habitants de l'île. En plus de relater la traditionnelle pêche aux marsouins, le film permet aussi de découvrir toute la richesse de la langue des insulaires.

Il s'agit ici du premier film québécois à vraiment connaître une carrière internationale. D'ailleurs, lorsqu'il fut présenté à Cannes, où il était en compétition officielle, il reçut un meilleur accueil qu'ici, ce qui a eu pour effet de lui donner une seconde vie au Québec.

À VOIR AUSSI :

♦ BRAULT, Michel et Gilles GROULX. *Les raquetteurs*, 1958.
♦ BRAULT, Michel. *Entre la mer et l'eau douce*, 1967.
♦ BRAULT, Michel et Pierre PERREAULT. *L'Acadie, l'Acadie?!?*, 1971.
♦ BRAULT, Michel. *Les ordres*, 1974.

DISPONIBILITÉ : Des versions DVD du film sont disponibles, mais peuvent être assez difficiles à trouver. Par contre, le film est disponible en intégralité sur le site Web de l'ONF (www.onf.ca).

MON ONCLE ANTOINE

RÉALISATION : Claude Jutra

SCÉNARIO : Clément Perron

INTERPRÈTES : Jean Duceppe, Jacques Gagnon et Claude Jutra, entre autres

ANNÉE : 1971

DURÉE : 110 min

VISA : Général

Dans le Québec rural des années 1940, le magasin général est le lieu incontournable d'échanges et de rassemblements pour tout le village. Le gérant du magasin, Antoine (Jean Duceppe), grâce à une bonne dose d'humour et surtout de gin, anime cet endroit sous l'œil attentif de son neveu orphelin Benoît (Jacques Gagnon), quinze ans, qui vit chez lui. À la veille de Noël, le malheur frappera une famille de la communauté, et Benoît et Antoine devront donc partir ensemble pour leur venir en aide. Cet évènement confrontera Benoît aux réalités de la vie, à la découverte de la sexualité et à sa propre peur de la mort. Cette soirée et la nuit qui suivra le feront grandir.

Ce film est considéré par plusieurs comme étant le plus grand film québécois de tous les temps. Il a d'ailleurs été élu à trois reprises « plus grand film canadien jamais fait » par un regroupement de critiques, d'historiens, de producteurs et d'artisans de l'industrie du cinéma au Festival international du film de Toronto. La réalisation ainsi que la magnifique direction photo de Michel Brault permettent au spectateur de partager la vision de Benoît sur sa communauté. Un des principaux intérêts du film vient du portrait qu'il dépeint, à travers les yeux du jeune garçon, d'un passé pas si lointain et en apparence simple.

Mon oncle Antoine est sorti sur les écrans quelques mois après les événements de la crise d'Octobre 1970 et cela se ressent. Malgré le fait que l'histoire se situe avant la

Révolution tranquille, la réalité décrite dans le film ne peut faire autrement qu'alimenter le débat sur la question nationale. En effet, les Canadiens français sont ici dépeints comme étant une nation sous l'emprise des intérêts économiques des Anglais, le tout supporté par l'Église catholique.

 À VOIR AUSSI :

♦ JUTRA, Claude. *À tout prendre*, 1963.
♦ LABRECQUE, Jean-Claude. (scénario de Clément PERRON). *Les smattes*, 1972.
♦ JUTRA, Claude. *Kamouraska*, 1973.

DISPONIBILITÉ : S'il existe plusieurs versions du DVD, la meilleure est sans contredit celle faite par *The Criterion Collection*, mais elle est aussi la plus difficile à trouver et la plus dispendieuse. Le film est disponible dans son intégralité sur le site Web de l'Office national du film (www.onf.ca).

J.A. MARTIN PHOTOGRAPHE

RÉALISATION : Jean Beaudin
SCÉNARIO : Jean Beaudin, Marcel Sabourin
INTERPRÈTES : Marcel Sabourin, Monique Mercure et Guy l'Écuyer, entre autres

ANNÉE : 1977

DURÉE : 100 min

VISA : Général

Au tournant du XXe siècle, alors que la photographie est encore naissante, le photographe Joseph-Albert Martin (Marcel Sabourin) s'apprête à partir, comme chaque été, pour sillonner le Québec rural afin de vendre des photographies qu'on lui demande de prendre. Cette année, pour la première fois, sa femme Rose-Aimée (Monique Mercure) décide de l'accompagner. Au cours des semaines qui suivront, le couple apprendra à se redécouvrir.

La direction photo de Pierre Mignot est tout simplement superbe et donne un véritable look de carte postale au Québec rural d'une autre époque. C'est d'ailleurs grâce à ce film que Mignot été remarqué par le grand cinéaste américain Robert Altman, avec qui il a tourné de nombreux films dont *Secret Honor* et *Prêt-à-porter*. Mais en dehors de la qualité des images, *J.A. Martin photographe* est également une excellente reconstitution d'époque ainsi qu'une réflexion sur la vie de couple, les liens entre celui-ci et les enfants ainsi que l'influence que l'environnement peut avoir sur lui. En 1977, à Canne, Monique Mercure a décroché le prix d'interprétation pour son rôle de Rose-Aimée, et le film a également remporté le prix du jury œcuménique.

Contrairement à plusieurs autres films québécois sortis à la même époque, par exemple *Kamouraska*, *J.A. Martin Photographe* est sans doute l'un des seuls qui font encore et toujours un parallèle avec la réalité d'aujourd'hui, puisque les nombreuses réflexions sur le couple qui y sont faites sont encore d'actualité.

 À VOIR AUSSI :

♦ BEAUDIN, Jean. *Cordélia*, 1980.

♦ BEAUDIN, Jean. *Le matou*, 1985.

♦ BEAUDIN, Jean. *Les filles de Caleb* (série télé), 1990.

♦ BEAUDIN, Jean. *Nouvelle-France*, 2004.

DISPONIBILITÉ : Des versions DVD du film sont disponibles, mais peuvent être assez difficiles à trouver. Par contre, le film est disponible dans son intégralité sur le site Web de l'ONF (www.onf.ca).

LES BONS DÉBARRAS

RÉALISATION : Francis Mankiewicz

SCÉNARIO : Réjean Ducharme

INTERPRÈTES : Marie Tifo, Charlotte Laurier et Gilbert
Sicotte, entre autres

ANNÉE : 1980

DURÉE : 120 min

VISA : 13 ans et +

Manon (Charlotte Laurier), une jeune fille de 13 ans, vit dans une maison isolée au cœur d'une région rurale des Laurentides, avec sa mère, Michelle (Marie Tifo), et son oncle, Guy (Germain Houde), qui souffre de déficience intellectuelle et qui vit dans son propre monde tout en étant physiquement attiré par la belle et riche madame Viau-Vachon (Louise Marleau). Ils réussissent à survivre en vendant du bois de chauffage, qu'ils coupent eux-mêmes, aux habitants de la région. Manon est une enfant extrêmement sensible et précoce, elle ne s'intéresse absolument pas à l'école et sa seule idée est d'avoir l'amour exclusif de sa mère, laquelle est constamment entourée de personnes qui réclament son affection : Manon, Guy, le policier Maurice (Roger Lebel), qui est aussi son amant, et Gaëtan (Gilbert Sicotte), mécanicien et ami de Manon.

Cette histoire remplie de jalousie, de passion et, surtout, d'un amour entier et absolu, est magnifiquement filmée par le cinéaste Michel Brault (à qui l'on doit aussi les images de *Pour la suite du monde* et de *Mon oncle Antoine*) et a été écrite par le romancier et dramaturge québécois Réjean Ducharme (*L'avalée des avalés, L'hiver de force*).

Lors de la sortie du film, la critique canadienne, presque à l'unanimité, a applaudi la poésie des dialogues, la beauté austère et très évocatrice des images et l'incroyable talent des acteurs, mais surtout celui de Francis Mankiewicz, qui a réussi à créer un sentiment de menace, presque palpable, pesant tout au long du film et qui progresse lentement vers l'horreur. En 1980, le film rafle d'ailleurs six prix Génie, dont ceux du meilleur scénario original, de la meilleure réalisation et du meilleur film. L'œuvre est rapidement devenu un classique du cinéma québécois et en 2003, *La Presse* l'a nommé meilleur film québécois de l'histoire.

À VOIR AUSSI :

♦ MANKIEWICZ, Francis. *Les beaux souvenirs*, 1981.

♦ MANKIEWICZ, Francis. *Les portes tournantes*, 1988.

DISPONIBILITÉ : Le film se trouve facilement dans tous les bons clubs vidéo.

LE DÉCLIN
DE L'EMPIRE AMÉRICAIN

RÉALISATION ET SCÉNARIO : Denys Arcand

INTERPRÈTES : Rémy Girard, Pierre Curzi et Dominique Michel, entre autres

ANNÉE : 1986

DURÉE : 101 min

VISA : 13 ans et +

Le déclin de l'empire américain raconte l'histoire de quatre hommes et de quatre femmes qui doivent se retrouver, le temps d'un souper, dans une maison de campagne sur le bord du lac Memphrémagog. Dans l'après-midi, les hommes préparent le repas à la maison pendant que les femmes se retrouvent à la salle de gym de l'université. Pendant les heures précédent le souper, les deux groupes échangent sur toutes sortes de sujets, la vie, l'amour et surtout le sexe. D'un côté, le point de vue des hommes, de l'autre, la version complètement différente des femmes. Les discussions se poursuivront au cours du repas jusqu'au petit matin et apporteront leur part de découvertes, de révélation et de réflexion, allant jusqu'à changer la vie de certains personnages.

Bien que souvent décrit comme étant une comédie érotique désopilante, *Le déclin* est aussi et surtout un «essai». Dès le début du film, le personnage de Dominique (Dominique Michel), une historienne, explique que la recherche du bonheur personnel a souvent été un signe avant-coureur du déclin de plusieurs civilisations. Rome, la France de l'Ancien Régime et, aujourd'hui, «l'empire américain». Dans la suite du film, Denys Arcand dépeint, avec beaucoup d'humour, une élite universitaire obsédée par cette recherche du bonheur personnel.

Le déclin a remporté un très grand succès, tant auprès de la critique que du public. Gagnant de nombreux prix, dont neuf prix Génie, incluant celui du meilleur film, le prix de la Quinzaine des réalisateurs à Canne et une nomination pour l'Oscar du meilleur film étranger. Il s'agit alors du film canadien le plus populaire jamais présenté aux États-Unis. En 2003, Denys Arcand réalisa la suite de ce film: *Les invasions barbares* et il conclura sa trilogie en 2007 avec *L'âge des ténèbres*.

Si *Pour la suite du monde* a permis de mettre le Québec «sur la map» au niveau cinématographique, *Le déclin de l'empire américain* a permis au Québec de connaître son premier véritable succès international. Le film accumule en effet des recettes de plus de 25 millions de dollars dans le monde. Avec *Le déclin*, Denys Arcand est sans doute devenu notre plus grand ambassadeur du cinéma d'ici.

 À VOIR AUSSI:

- ♦ ARCAND, Denys. *On est au coton*, 1970.
- ♦ ARCAND, Denys. *Le confort et l'indifférence*, 1982.
- ♦ ARCAND, Denys. *Jésus de Montréal*, 1989.
- ♦ ARCAND, Denys. *Les invasions barbares*, 2003.
- ♦ ARCAND, Denys. *L'âge des ténèbres*, 2007.

DISPONIBILITÉ: Le film se trouve très facilement dans les clubs vidéo.

LÉOLO

RÉALISATION ET SCÉNARIO: Jean-Claude Lauzon
INTERPRÈTES: Ginette Reno, Maxime Colin et Pierre Bourgault, entre autres
ANNÉE: 1992
DURÉE: 107 min
VISA: 13 ans et +

Le jeune Léo Lauzon (Maxime Colin) est tiraillé entre deux mondes: son sordide appartement montréalais dans lequel il habite avec sa famille largement dysfonctionnelle, obsédée par la santé intestinale, et le monde imaginaire qu'il a construit à travers ses écrits et dans lequel il est Léolo Lozone, fils d'un paysan italien conçu grâce à l'intervention d'une tomate. Sa sexualité s'éveille et il fantasme sur Bianca, sa voisine. Mais lorsqu'il découvre que celle-ci arrondit ses fins de mois en offrant ses faveurs sexuels à son grand-père, ses mondes, réel et imaginaire, s'effondrent.

En partie inspiré de *L'avalée des avalés* de Réjean Ducharme, *Léolo* est le deuxième et dernier film de Jean-Claude Lauzon avant sa mort accidentelle en compagnie la comédienne Marie-Soleil Tougas en 1997. On retrouve dans ce film toutes sortes d'influences, de Federico Fellini à Luis Buñuel en passant par Claude Jutra, en particulier dans à la description de l'enfance et de l'innocence perdue. En plus de remporter de nombreux prix nationaux, en 2005, le magazine *Times* a inscrit *Léolo* sur la liste des 100 meilleurs films de tous les temps.

Certains prétendent que la Palme d'or aurait échappé de justesse à *Léolo* : étant reconnu pour son tempérament assez difficile, Jean-Claude Lauzon aurait manqué de respect à Jamie Lee Curtis, membre du jury, et c'est conséquemment le film *Les meilleures intentions* du danois Bille August qui s'est sauvé avec les honneurs…

 À VOIR AUSSI :

♦ LAUZON, Jean-Claude. *Un zoo la nuit*, 1987.

DISPONIBILITÉ : Le film se trouve facilement dans tous les bons clubs vidéo.

LE VIOLON ROUGE

RÉALISATION : François Girard
SCÉNARIO : Don McKellar et François Girard
INTERPRÈTES : Samuel L. Jackson, Greta Scacchi et Sylvia
Chang, entre autres
ANNÉE : 1998
DURÉE : 130 min
VISA : Général, déconseillé aux jeunes enfants

Le violon rouge raconte, à travers différentes intrigues qui se chevauchent, le parcours d'un violon et de ses nombreux propriétaires. Durant trois siècles, ce violon passera des mains de son créateur, un luthier italien du XVIIᵉ siècle (Carlo Cecchi), à celles d'un jeune garçon prodige (Christoph Koncz), à un groupe de gitans, à un virtuose anglais (Jason Fleyming), puis à une communiste chinoise (Sylvia Chang) pendant la Révolution culturelle pour finalement apparaître à Montréal, de nos jours, lors d'une vente aux enchères où il sera examiné par un musicologue (Samuel L. Jackson) qui aura pour tâche de l'authentifier.

Cette coproduction canadienne, italienne, états unienne et britannique est une véritable réussite visuelle : les différentes époques ont méticuleusement été recréées et le rythme du montage, fait de sauts à travers l'espace et le temps, est très bien mené de façon à ce que l'on ne s'y perde pas. Cependant, la principale qualité de l'œuvre est la beauté de la musique composée par John Corigliano, qui imprègne le film du début à la fin. Les airs de violon qu'on y entend nous restent en tête bien longtemps après le visionnement. En plus de rempoter l'Oscar de la meilleure musique originale (une première pour un film canadien), le film s'est vu remettre huit prix Génie, dont le meilleur scénario original, le meilleur réalisateur et le meilleur film. Il a aussi été le tout premier film à remporter le prix du meilleur film au gala des prix Jutra.

À VOIR AUSSI :

♦ GIRARD, François. *Trente-deux films brefs sur Glenn Gould*, 1993.

♦ GIRARD, François. *Soie*, 2007.

DISPONIBILITÉ : Le film se trouve très facilement dans les bons clubs vidéo.

15 FÉVRIER 1839

RÉALISATION ET SCÉNARIO : Pierre Falardeau
INTERPRÈTES : Luc Picard, Sylvie Drapeau et
Frédéric Gilles, entre autres
ANNÉE : 2001
DURÉE : 114 min
VISA : Général

Après l'insurrection de 1837, des centaines de patriotes ont été emprisonnés à la prison de Montréal. Parmi eux, une centaine ont été condamnés à mort, dont Marie-Thomas Chevalier de Lorimier (Luc Picard) et Charles Hindelang (Frédéric Gilles). En ce jour du 14 février 1839, la veille de leur exécution, Henriette de Lorimier (Sylvie Drapeau) viendra passer ses derniers moments en compagnie de son mari, pendant que les autres partagent leurs doutes, leurs peurs et leurs espoirs avec leurs compagnons de cellule. Lorsque le soleil se lèvera, ils devront affronter la mort.

Pierre Falardeau a toujours créé la controverse avec ses films : *Elvis Gratton, Speak White, Le temps des bouffons…* Le film *15 février 1839* ne fait pas exception à la règle, puisqu'il porte un très fort message indépendantiste. Il a en effet suscité de nombreux débats, tant avant qu'après sa sortie. Mais en dépit du message qu'il véhicule, le film est également une puissante histoire d'amour entre une épouse et son mari, tiraillé entre sa peur de la mort et ses convictions politiques. Les scènes de Luc Picard et Sylvie Drapeau sont si déchirantes qu'il est quasi impossible d'y rester insensible. Les deux acteurs ont d'ailleurs remporté des Jutra pour leur interprétation. Qu'on soit d'accord ou non avec les idées de Pierre Falardeau, force est d'avouer qu'il fait partie de nos plus grands cinéastes.

 À VOIR AUSSI :

♦ FALARDEAU, Pierre. *Le temps des bouffons*, 1993.
♦ FALARDEAU, Pierre. *Le party*, 1989.
♦ FALARDEAU, Pierre. *Octobre*, 1994.

DISPONIBILITÉ : Le film se trouve facilement dans tous les bons clubs vidéo.

LA GRANDE SÉDUCTION

RÉALISATION : Jean-François Pouliot
SCÉNARIO : Ken Scott
INTERPRÈTES : Raymond Bouchard, David Boutin
et Pierre Collin, entre autres
ANNÉE : 2003
DURÉE : 108 min
VISA : Général

À Sainte-Marie-la-Mauderne, petit village éloigné de la Basse-Côte-Nord, la majeure partie de la population survit grâce à l'assistance sociale. Lorsqu'une grande compagnie songe à venir y installer l'une de ses usines, l'espoir renaît au sein de la communauté. Il reste cependant un problème : la compagnie n'installera son usine que si le village dispose d'un médecin permanent. Lorsqu'un médecin très citadin (David Boutin) se voit contraint d'aller passer un mois dans la petite localité, tous les habitants manœuvrent secrètement pour transformer le village en véritable paradis pour le jeune homme.

Gagnant du prix du public au festival de Sundance, *La grande séduction* est devenu l'un des plus grands succès de l'histoire du cinéma québécois. Il a fait plus d'entrées au Québec que certains films à gros budjet, tels que *Trouver Némo* et *Pirates des Caraïbes : La malédiction de la Perle Noire* sortis la même année. Des répliques savoureuses de Pierre Collin aux manigances toutes plus farfelues les unes que les autres de Raymond Bouchard, tout dans ce film est empreint d'une joie contagieuse qui en fait un pur bonheur à regarder. En effet, il est quasiment impossible de ne pas avoir un immense sourire accroché au visage tout au long du visionnement. «Feel-good movie» par excellence, le film possède un charme incroyable qui ne peut laisser personne de marbre.

À VOIR AUSSI :

♦ PELLETIER, Gabriel. *La vie après l'amour*, 2000.
♦ BINAMÉ, Charles. *Maurice Richard*, 2005.
♦ POULIOT, Jean-François. *Guide de la petite vengeance*, 2006.
♦ SCOTT, Ken. *Les doigts croches*, 2009.

DISPONIBILITÉ : Le film se trouve facilement dans tous les bons clubs vidéo.

C.R.A.Z.Y.

RÉALISATION : Jean-Marc Vallée
SCÉNARIO : Jean-Marc Vallée et François Boulay
INTERPRÈTES : Marc-André Grondin, Michel Côté
　　　　　　　et Danielle Proulx, entre autres
ANNÉE : 2005
DURÉE : 129 min
GÉNÉRAL : 13 ans et +

C.R.A.Z.Y., c'est l'histoire d'une famille québécoise sur deux décennies. Né le 25 décembre 1960, Zachary (Marc-André Grondin) est le quatrième enfant de cette famille qui comprend cinq garçons. Il tente à tout prix de ressembler à ses frères et de gagner l'admiration de son père (Michel Côté), mais Zachary est différent. Comment peut-on se faire accepter de sa famille lorsqu'on en est le mouton noir ? Des années 1960 jusqu'en 1980, on suit l'histoire de Zac et de ses proches, alors qu'en même temps la société québécoise vit ses plus grands bouleversements.

C.R.A.Z.Y., c'est surtout deux touchantes histoires d'amour : l'amour d'un père pour ses cinq fils et l'amour d'un fils pour son père. Mais ce n'est pas que cela, c'est aussi un portrait de la société québécoise à une époque pas si lointaine, une société qui, tout comme le personnage de Zachary, vit une crise identitaire et cherche à s'affirmer telle qu'elle est. À sa sortie, le film a connu un immense succès chez nous, mais également partout dans le monde. Il n'est donc pas surprenant qu'il ait remporté le nombre record de 13 prix Jutra en 2006, dont celui du meilleur film, et de 11 prix Génie.

À VOIR AUSSI :
- VALLÉE, Jean-Marc. *Liste noire*, 1995.
- VALLÉE, Jean-Marc. *The Young Victoria*, 2009.

DISPONIBILITÉ : Le film peut se trouver facilement dans tous les bons clubs vidéo.

Chapitre 6

Les dix albums incontournables

L a musique d'un peuple illustre souvent ses espoirs, ses échecs et ses préoccupations quotidiennes. Le Québec n'échappe pas à ce phénomène. Peut-être même plus qu'ailleurs, la musique québécoise est intimement liée à l'évolution sociale de sa nation. Depuis les boîtes à chanson en passant par le rock de Charlebois et les textes engagés de Gilles Vigneault, de Félix Leclerc ou des Colocs, la chanson au Québec traduit presque toujours la recherche d'identité de son peuple.

Pour découvrir le Québec, il faut inévitablement passer par sa musique. Ce chapitre présente donc, par ordre chronologique, 10 albums québécois incontournables des 50 dernières années. Nous y présentons les particularités musicales de chaque enregistrement (influences et innovations), son ou ses auteurs ainsi que la place qu'il occupe dans l'évolution musicale, historique et socioculturelle du Québec. De plus, nous avons ajouté des références pour ceux et celles qui souhaiteraient approfondir leurs connaissances en lien avec ces 10 albums marquants.

Félix Leclerc et sa guitare
(volume 2), Félix Leclerc (1959)

Auteur, compositeur, interprète, poète, écrivain, dramaturge, conteur et comédien, Félix Leclerc a marqué non seulement le monde musical québécois, mais aussi celui de toute la francophonie. Il est à ce point important dans l'histoire de la chanson québécoise que les trophées remis chaque année au gala de l'ADISQ portent son nom. Pour plusieurs, Félix Leclerc est le premier véritable auteur-compositeur-interprète du Québec. Il a en effet ouvert la voie aux générations subséquentes.

Il connaîtra d'abord la popularité en France dans les années 1950. Avec sa guitare, sa voix caractéristique et ses chemises à carreaux, le «Canadien» (comme l'appellent les Français) conquiert rapidement le public et remporte un succès impressionnant, ce qui lui ouvre les portes des grandes salles françaises. De retour au Québec, il est accueilli en héros et finalement reconnu à sa juste valeur.

Félix s'inspire notamment des musiques traditionnelles québécoise, gitane, afro-américaine, sud-américaine et russe, et ses vers recherchés racontent des histoires tragiques, fantastiques et même ludiques qui ne manquent jamais de toucher et de faire réfléchir. Vivant sur l'île d'Orléans, il puise souvent ses thèmes dans la nature et, suite à la crise d'Octobre 1970, dans ses opinions politiques qui lui inspireront également de grandes chansons (*L'alouette* en colère et *Le tour de l'île*). Félix devient dès lors l'un des symboles importants du nationalisme québécois.

L'album *Félix Leclerc et sa guitare* (volume 2), qui date de 1959, comprend plusieurs grands succès : *Moi, mes souliers*, *Le train du nord*, *Bozo*, *Le p'tit bonheur* et *L'hymne au printemps*. Grands succès en effet puisque cinq des douze titres de l'album sont devenus des classiques de la chanson québécoise. La version originale de cet enregistrement vinyle n'est plus disponible, mais on peut retrouver la majorité des airs sur n'importe quelle anthologie de Félix Leclerc.

Outre ses chansons, Félix a écrit de nombreux recueils de poésie, contes et autres œuvres littéraires qui méritent d'être lus.

 À ÉCOUTER :

- ♦ LECLERC, Félix. *Leclerc* (1998) : Mercury, 5592242 (3 CD).
- ♦ LECLERC. Félix. *Anthologie 40 chansons* (2008) : XXI, XXI-CD 2 1648 (deux CD).

À LIRE :

- ♦ LECLERC, Félix. *Moi, mes souliers* (autobiographie), Éditions Bibliothèque québécoise, 1999.
- ♦ LECLERC, Félix. *Adagio*, *Allegro* et *Andante* (trilogie, recueils de contes), Éditions Bibliothèque québécoise, 1999.

Mon pays, Gilles Vigneault (1966)

Véritable monument au Québec, Gilles Vigneault fait partie du patrimoine musical québécois depuis plusieurs décennies. Poète, auteur, compositeur, interprète et conteur, Vigneault a à ce point marqué le Québec que sa célèbre chanson *Gens du pays* a remplacé le traditionnel *Joyeux anniversaire*. Auteur de 40 livres et de plus de 400 chansons, le poète-chansonnier est reconnu pour son engagement. Souverainiste convaincu et porte-étendard du mouvement, Vigneault a clamé haut et fort son amour pour son peuple et sa fierté d'en faire partie. Son style musical allie souvent des airs folkloriques à une poésie des plus inspirées qui parle aussi bien de Natashquan, sa terre natale, que d'amour, de liberté, de légendes, d'environnement ou de convictions sociales et politiques. Sa voix éraillée si particulière, son incroyable intensité, ses airs simples et d'une sensibilité si touchante font de lui un artiste unique, cher au cœur des Québécois.

C'est grâce à une commande de l'Office national du film du Canada pour le court métrage *La neige a fondu sur la Manicouagan* que Vigneault compose son grand succès *Mon pays* en 1965 ; chanson qui traduit bien la fierté et les aspirations de l'âme québécoise des années 1960 et 1970. Vigneault donnera d'ailleurs ce titre, dorénavant si célèbre, à un album comprenant également *La rue St-Jean*, *La fleur du temps*, *Avec les mots* et *Les corbeaux*. L'album original n'est malheureusement plus disponible, mais de nombreuses compilations ou anthologies des œuvres de Vigneault nous permettent d'écouter les chansons, entre autres le disque *Chemin faisant, cent et une chansons* (1990), qui comprend toutes les pièces originales de l'enregistrement de 1966 ainsi que les chansons les plus célèbres de Vigneault.

Phare de l'identité québécoise, Vigneault se joint aux autres chantres du Québec pour quelques mémorables fêtes de la Saint-Jean-Baptiste, notamment celle de 1975 où il chante pour la première fois *Gens du pays* qui devient instantanément, pour plusieurs, l'hymne national du Québec. Aux côtés de Félix Leclerc et de Robert Charlebois, il participe également au spectacle d'ouverture de la Superfrancofête en 1974, qui donnera naissance à l'album *J'ai vu le loup, le renard, le lion*.

De Vigneault, il faut également découvrir, entre autres, *Les Quatre saisons de Piquot*, conte musical enregistré avec la collaboration de l'orchestre symphonique de Drummondville en 2006, et son tout dernier album, *Arriver chez soi*, qui aborde avec sensibilité des thèmes très actuels (*L'internaute, Lucas l'écolo, Une journée sans portable*).

♪♪ À ÉCOUTER :

- ♦ VIGNEAULT, Gilles. *Chemin faisant, cent et une chansons* (1990, coffret de 6 CD) : Le Nordet, GVNC-1017.
- ♦ VIGNEAULT, Gilles, Félix LECLERC et Robert CHARLEBOIS. *J'ai vu le loup, le renard et le lion.* (1988) : Trans-Canada, VLCC131
- ♦ VIGNEAULT, Gilles. *Les Quatre saisons de Piquot.* (2006, conte symphonique) : GSI Musique, GSIC910.
- ♦ VIGNEAULT, Gilles. *Arriver chez soi.* (2008) : Tandem, TMUCD5808.

Robert Charlebois Louise Forestier,
Robert Charlebois et Louise Forestier (1968)

Robert Charlebois a transformé le milieu de la musique au Québec. Plusieurs s'entendent pour dire qu'il y a un avant et un après Charlebois. Ce comédien, auteur, compositeur, guitariste et pianiste a en effet marqué un tournant dans l'histoire de la chanson québécoise en réalisant la synthèse des genres des chansonniers du Québec (entre autres, Félix Leclerc et Gilles Vigneault), des groupes yé-yé (par exemple, Les Classels et Les Baronets) et du rock and roll (celui des Beatles, des Doors et des Rolling Stones).

En 1968, l'*Osstidcho*, mettant en scène Robert Charlebois, Mouffe (Claudine Monfette), Louise Forestier et Yvon Deschamps fait un scandale. Très innovateur, ce spectacle multidisciplinaire présente un mélange iconoclaste de textes en joual et de rythmes latins, «canayens», rock, jazz et blues. Assez rapidement, les jeunes et plusieurs artistes s'enthousiasment pour cette synthèse d'influences québécoises et anglo-saxonnes. Personnage flamboyant et coloré, Charlebois donne un nouveau souffle à la musique populaire francophone.

Sorti en 1968, l'album *Robert Charlebois Louise Forestier* comprend plusieurs des chansons de l'*Osstidcho*. Présentant des influences de la vague psychédélique, les textes et la musique de cet album sont révolutionnaires. Par exemple, *La marche du président*, écrite en collaboration avec Gilles Vigneault, est basée sur un air folklorique «distortionné» par des accords progressifs et des interventions jazz au saxophone. *Lindberg*, grand succès, correspond également à cet éclatement de styles, avec son joual, ses sacres et les envolées vocales de Louise Forestier. L'album comprend aussi, entre autres, les célèbres *Dolorès* et *California*.

En plus des textes de cet enregistrement réalisé en collaboration avec Louise Forestier, Charlebois a écrit de nombreux autres succès datant, pour la plupart, des années 1970 : *Ordinaire, Entre deux joints, Les ailes d'un ange, Je reviendrai à Montréal* et *The Frog Song*. Charlebois est également reconnu pour ses spectacles et ses costumes éclatés (sur scène, il est déjà sorti habillé en ange d'un char hydraulique). Militant politique, il devient le plus jeune candidat à une élection du Canada en se présentant pour le parti Rhinocéros, parti qui promet, entre autres… de ne rien promettre ! En somme, Robert Charlebois, surnommé Garou, a été une figure marquante de la chanson québécoise et a influencé plusieurs générations d'artistes.

 À ÉCOUTER :

♦ CHARLEBOIS, Robert et Louise FORESTIER. *Robert Charlebois Louise Forestier.* (1968) : Unidisc, AGEK2211.

♦ CHARLEBOIS, Robert. *Un gars ben ordinaire* (1971) : Unidisc, AGEK2213.

♦ CHARLEBOIS, Robert. *La Maudite tournée.* (1995) : Solution, SNC-809 (deux CD).

Jaune, Jean-Pierre Ferland (1970)

Ayant jusqu'alors établi sa renommée comme chansonnier, Ferland se remet en question suite au succès retentissant du flamboyant Robert Charlebois et donne naissance au premier album-concept québécois, *Jaune*, œuvre clé dans l'évolution musicale du Québec. Réalisé en 1970, influencé par le «vent de renouveau», cet album révolutionne l'industrie de la musique québécoise avec ses orchestrations éclatées, ses textes audacieux et la qualité de son enregistrement.

Jaune est d'ailleurs comparé par certains à l'album blanc des Beatles. Moderne par ses textes et par ses expériences sonores (*God is an American*), le disque phare de Ferland marie les chansons inspirées (*Le petit roi* et *Le chat du café*) à un style plus rock. Le «chansonnier de l'amour» a donc su s'inspirer de l'air du temps tout en conservant sa plume de poète. En 1971, le spectacle *Jaune*, à la Place des Arts, déconcerte la critique et le public avec son décor composé d'immenses pelles mécaniques. Les ventes de l'album et du spectacle n'en restent pas moins exceptionnelles pour l'époque.

De façon générale, Jean-Pierre Ferland est d'abord reconnu pour ses chansons d'amour, puisque plusieurs de ses grands succès traduisent son côté romantique (*Les immortelles*, *Une chance qu'on s'a* et *T'es mon amour, t'es ma maîtresse*), mais il est également l'auteur de comédies musicales : *Du gramophone au laser* (1984), *Gala* (1989) et *Yes l'univers* (1997). Chevalier de l'Ordre national du Québec depuis 2003, auteur, compositeur, interprète, animateur de télévision et de radio, comédien et producteur, Ferland est un personnage marquant pour le monde artistique québécois. Avec ses quelque 30 albums et 450 chansons, il est un incontournable. À découvrir ou à redécouvrir absolument.

 À ÉCOUTER :

♦ FERLAND, Jean-Pierre. *Jaune*. (1970) : Barclay, 80090.
♦ FERLAND, Jean-Pierre. *Écoute pas ça*. (1995) : Jaune, PJC-1008.
♦ FERLAND, Jean-Pierre. *Le petit roi*. (2004, les plus grandes chansons de Ferland reprises par des artistes québécois comme Céline Dion, Daniel Lavoie, Éric Lapointe, Gilles Vigneault et Michel Rivard) : Jaune, PJC 1133.
♦ FERLAND, Jean-Pierre. *Jaune*. (2005, coffret pour le trente-cinquième anniversaire de *Jaune*, comprenant une version «remixée» de l'original, une version revisitée par quatorze artistes et un DVD sonore) : Jaune PJC, 1135.

Beau Dommage, Beau Dommage (1974)

Avec ses succès qui traversent les décennies, Beau Dommage est un groupe marquant des années 1970 au Québec. Tirant son nom d'une vieille expression signifiant «bien sûr», «bien entendu», Beau Dommage s'inscrit dans l'évolution musicale et historique du Québec avec ses chansons sur la liberté, le respect de la nature et l'urbanité (pensons au *Blues d'la métropole*). Utilisant le joual et certaines références spécifiquement québécoises (*Le géant Beaupré*), le groupe participe à l'expression de l'unicité du Québec ayant mené au référendum de 1980. Aux côtés d'Harmonium, d'Octobre et de Contractions, Beau Dommage participe au mémorable spectacle de la Saint-Jean-Baptiste de 1976 sur le mont Royal : cette prestation marque l'histoire du Québec et contribue à la montée du mouvement souverainiste.

À sa sortie en 1974, le premier album de Beau Dommage a un succès retentissant. Les ventes de ce microsillon dépassent celles de tous les autres enregistrements d'artistes canadiens de la même époque. *Le pic-bois*, *Tous les palmiers*, *Ginette* et *La complainte du phoque en Alaska* deviennent rapidement des chansons incontournables.

Avec son langage, ses préoccupations et ses thèmes très ancrés dans le Québec des années 1970, le groupe rejoint immédiatement l'ensemble des Québécois. D'un point de vue musical, Beau Dommage emprunte tant au folklore (*Le pic-bois*) et au rock progressif (*Le géant Beaupré*) qu'aux sonorités de son époque (*Tous les palmiers* et *Ginette*).

Après quatre albums et de nombreux spectacles et tournées, tant au Québec qu'en Europe, le groupe se dissout en 1978. Beau Dommage se reforme néanmoins en 1984 pour souligner le dixième anniversaire du groupe et une édition spéciale comprenant leurs quatre premiers albums est alors distribuée. Le groupe se réunit à nouveau en 1992 et enregistre un album *live*, *Beau Dommage au forum*, puis deux ans plus tard, il lance un disque (*La Nouvelle Saison*) comportant des chansons inédites. Finalement, il participe au gala d'ouverture de la Star Académie en février 2009 afin de promouvoir le lancement d'un coffret souvenir soulignant son trente-cinquième anniversaire. Ce coffret, intitulé *Album de famille*, réunit les cinq albums du groupe, huit chansons inédites, deux DVD présentant cinq concerts (de 1975 à 2005), des archives télévisuelles et un portrait documentaire de la formation.

♫ À ÉCOUTER :

- ♦ BEAU DOMMAGE. *Beau Dommage*. (1974) : Capitol, CDL-56353.
- ♦ BEAU DOMMAGE, *Où est passée la noce ?* (1975) : Capitol, CDL-56351.
- ♦ BEAU DOMMAGE. *L'Intégrale*. (1991, quatre CD) : Capitol, CD4L 56358.
- ♦ BEAU DOMMAGE. *Album de famille*. (2009, cinq CD et deux DVD) : EMI Canada, 65811.
- ♦ BEAU DOMMAGE. *Beau d'hommage* (2005) : adaptations et interprétations du spectacle *Hommage à*.

L'heptade, Harmonium (1976)

Formé en 1972 par Serge Fiori, Michel Normandeau et Louis Valois, Harmonium est considéré comme l'un des groupes québécois les plus marquants. Souvent comparé à Beau Dommage, Harmonium se distingue cependant par son approche plus progressive de la musique ainsi que par une démarche plus spirituelle en lien avec le mouvement *peace and love* des années 1970.

Son premier album est lancé en 1974 et remporte beaucoup de succès, entre autres, grâce aux chansons *Un musicien parmi tant d'autres*, *Pour un instant*, *Harmonium* et *De la chambre du salon*. Cet album folk-progressif privilégie les sonorités acoustiques de la guitare, des voix et du piano. Le deuxième album d'Harmonium intitulé *Si on avait besoin d'une cinquième saison* sort en 1975. Ce disque laisse sa marque avec *Histoire sans paroles* et *Dixie*. Musicalement plus poussé et beaucoup plus progressif que le premier, cet enregistrement illustre également les opinions politiques du groupe avec la chanson

Depuis l'automne. Depuis que j'sais qu'ma terre est à moé

L'autre, y est en calvaire

Si c't'un rêve réveille-moi donc

Ça va être not' tour ça s'ra pas long

Reste par icitte parce ça s'en vient...

En 1976, au lendemain de l'arrivée au pouvoir du Parti québécois, Harmonium lance l'album qui, pour plusieurs, représente non seulement l'œuvre la plus achevée du groupe, mais également une œuvre clé dans l'évolution musicale du Québec : *L'heptade*. Cet album double fait appel aux services de musiciens tels que Richard Séguin, Pierre Bertrand et Neil Chotem, compositeur et arrangeur responsable des interludes orchestraux. Comme son nom l'indique, *L'heptade* fait référence au chiffre sept et présente donc sept chansons qui décrivent les sept niveaux de conscience humaine. Musicalement évoluée, l'œuvre est bâtie sur des textes illustrant les préoccupations spirituelles de Fiori (*Lumières de vie*), intercalés d'interludes instrumentaux interprétés par des musiciens de l'Orchestre symphonique de Montréal. *L'heptade* comprend, entre autres, les chansons *Comme un fou*, *L'exil*, et *Comme un sage*.

En 1978, à l'apogée de sa popularité, le groupe se dissocie, et Serge Fiori poursuivra une carrière solo. Son album *Deux cents nuits à l'heure*, réalisé en collaboration avec Richard Séguin, est un incontournable pour qui aime l'œuvre d'Harmonium.

 À ÉCOUTER :

- ♦ HARMONIUM. *Harmonium*. (1974) : Polydor, 833 991-2.
- ♦ HARMONIUM. *Si on avait besoin d'une cinquième saison*. (1975) : Polydor, 833 990-2.
- ♦ HARMONIUM. *L'Heptade*. (1976, deux CD) : CBS G2K-90348.
- ♦ FIORI, Serge et Richard SÉGUIN. *Deux cents nuits à l'heure*. (1978, version disque compact, 1991) : Sony, CK-90456.

Starmania ou la passion
de Johnny Rockfort selon les évangiles télévisés,
Luc Plamondon et Michel Berger (1978)

Paru en 1978, l'album *Starmania* constitue sans aucun doute l'un des incontournables de la musique québécoise, puisque plusieurs chansons de cet opéra rock franco-québécois font partie des classiques du répertoire populaire au Québec (*La complainte de la serveuse automate*, *Le blues du businessman* et *Le monde est stone*, entre autres).

Innovatrice, l'œuvre de Luc Plamondon (livret) et de Michel Berger (musique) est le premier opéra rock francophone entièrement chanté à avoir vu le jour. D'abord présenté sous forme d'album en 1978, *Starmania* a été mis en scène à Paris en 1979, au Québec en 1980 et depuis, elle a été reprise de nombreuses fois à travers la francophonie et a même été traduite vers l'anglais par Tim Rice, en 1992, sous le titre *Tycoon*.

La version originale a mis en vedette des grandes voix du Québec : Claude Dubois (Zéro Janvier le businessman), Diane Dufresne (Stella Spotlight), Fabienne Thibeault (Marie-Jeanne la serveuse automate) et Nanette Workman (Sadia le travesti). Au fil des ans et des différentes adaptations, les chansons de *Starmania* ont permis à certains artistes québécois de se faire connaître du public (pensons notamment à Martine St-Clair dans le rôle de Cristal). En 2008, pour souligner ses 30 ans, une version lyrique de l'opéra rock a été présentée au Grand Théâtre de Québec dans le cadre des activités du 400e anniversaire de la Capitale-Nationale. Cette même version a été reprise, en mars 2009, à l'Opéra de Montréal.

La diversité des genres musicaux employés (rock, pop et classique) ainsi que les thèmes abordés dans *Starmania* en font encore aujourd'hui une œuvre d'actualité, résolument moderne malgré ses trois décennies d'existence : l'espoir de quitter un univers anonyme en devenant vedette, l'omniprésence et le contrôle des médias ainsi que la mise au pouvoir de dirigeants basée sur la peur ne sont que quelques-uns des sujets abordés.

On peut trouver la version originale de 1978 dans Internet ou dans certaines bibliothèques. Quant aux versions québécoises de 1981 et de 1986, elles n'ont malheureusement pas été rééditées en disques compacts. Il est cependant possible de se procurer *Tycoon* ou l'enregistrement de 1994, réalisé au Théâtre de Modagor à Paris, en magasin ou dans Internet.

 DIFFÉRENTES VERSIONS DE *STARMANIA* :

- ♦ 1978 – version originale (WEA CD 74214).
- ♦ 1981 – avec, entre autres, Louise Forestier et Martine St-Clair (n'est plus disponible).
- ♦ 1986 – avec, entre autres, Marie-Denise Pelletier, Jean Leloup et Marie Carmen (n'a jamais été rééditée en disque compact).
- ♦ 1992 – *Tycoon* (version anglaise) avec Céline Dion, Cyndi Lauper et Tom Jones (Sony 471923 2)
- ♦ 1994 – version du Théâtre Modagor avec Luce Dufault et Bruno Pelletier (Oxygène, OXCD-105).

Tu m'aimes-tu, Richard Desjardins
(1990)

Probablement l'auteur-compositeur-interprète le plus original du Québec, Richard Desjardins a un style bien à lui. Adulé ou détesté des critiques, il ne laisse personne indifférent. Poète engagé, musicien aux influences multiples (classique, country, rock), Desjardins déroute par son langage parfois cru, ses anglicismes, son humour décapant et son accent de l'Abitibi.

S'exprimant aussi bien en joual (*Le bon gars*) qu'en alexandrins (*Nataq*) et accompagné seulement d'un piano ou d'une guitare, l'auteur de *Tu m'aimes-tu* aborde les thèmes de l'amour (*Tu m'aimes-tu, Quand j'aime une fois j'aime pour toujours*) et de la marginalité (*La musulmane, Signe distinctif*) en termes à la fois crus et poétiques.

Tu m'aimes-tu, deuxième album solo, autoproduit par Desjardins, lui permet enfin de se faire connaître du grand public. Bien qu'ayant déjà conquis plusieurs admirateurs avec *Les derniers humains* (1988) de même qu'avec son groupe Abbittibbi, Desjardins n'avait pas encore acquis la notoriété que *Tu m'aimes-tu* lui apporte. Avec les Félix de l'Auteur-compositeur de l'année, du Microsillon populaire de l'année et du Réalisateur de disque de l'année qui lui sont décernés en 1991, le chanteur-poète abitibien fait un pied de nez aux nombreux producteurs qui avaient au départ refusé de financer le projet.

L'œuvre musicale et cinématographique de Desjardins mérite d'être découverte dans son ensemble. On comprend ainsi un peu mieux l'univers de cet artiste engagé, intègre et farouche. En musique, il ne faut pas manquer d'écouter *Les derniers humains* (1988) et *Kanasuta* (2003). Ce dernier album tire son nom d'une forêt abitibienne au long passé historique amérindien, sauvée de la coupe par l'Action boréale, organisme dont Desjardins est membre-fondateur et ayant pour mission de protéger la forêt boréale. Deux documentaires coréalisés par Desjardins sont d'ailleurs des incontournables pour qui s'intéresse aux questions environnementales et sociales: *L'Erreur boréale* (1999), exposant les dangers de la coupe à blanc des forêts, et *Le Peuple invisible* (2007), portant sur le destin tragique des Algonquins. Ces deux œuvres cinématographiques ont respectivement remporté le prix Jutra du meilleur documentaire en 1999 et en 2008.

 À ÉCOUTER:

- ♦ DESJARDINS, Richard. *Les derniers humains*, (1988): Fukinic, FUK-DH-2.
- ♦ DESJARDINS, Richard. *Tu m'aimes-tu* (1990): Abitibi, ABT-CT-4.
- ♦ ABBITTIBBI. *Chaude était la nuit* (1994): Fukinic, FUCD-5.
- ♦ DESJARDINS, Richard. *Kanasuta* (2003): Foukinic, FUCD-6.

À VOIR:

- ♦ DESJARDINS, Richard. *Comme des chiens en pacage*, 1977.
- ♦ DESJARDINS, Richard. *Mouche à feu*, 1982.
- ♦ DESJARDINS, Richard. *L'Erreur boréale*, 1999.
- ♦ DESJARDINS, Richard. *Le Peuple invisible*, 2007.

Les Colocs, Les Colocs (1993)

Groupe festif et engagé aux influences multiples (rock, swing, reggae, klezmer et ska), les Colocs ont marqué le paysage musical québécois des années 1990. Formé au départ d'André Fortin (Dédé), de Serge Robert (mononc' Serge), de Jimmy Bourgoing, de Patrick Esposito di Napoli et de Mike Sawatsky, le groupe se transforme ensuite et accueille de nouveaux collaborateurs au fil des ans. Seuls Dédé et Mike seront membres des Colocs jusqu'en 2000.

Dédé devient rapidement le leader et l'âme des Colocs, apportant non seulement une présence et une créativité indéniable (il compose, chante, joue de plusieurs instruments et danse les claquettes), mais également un œil cinématographique (il a étudié en cinéma et travaillé comme monteur) qui permet la réalisation de vidéoclips surprenants (*Julie*, *Passe-moé la puck* et *Bonyeu*). Plusieurs des grands succès des Colocs sont le fruit de l'imagination débordante, de l'intensité et des convictions profondes de Dédé.

Sorti en 1993, le premier album des Colocs est sans contredit un incontournable de la musique québécoise et permet d'ailleurs au groupe de rafler pas moins de quatre Félix à leur premier gala de l'ADISQ (dont celui de la Révélation de l'année et du Meilleur groupe de l'année). Certaines des chansons se retrouvant sur l'album sont encore d'immenses succès aujourd'hui et sont maintenant considérés comme des classiques, entre autres *La rue principale*, *Passe-moé la puck* et *Julie*.

Ouvertement souverainiste, comme en fait foi le lancement de leur deuxième album (*Atrocetomique*) le jour même du référendum de 1995, le groupe manifeste également son engagement social à travers ses textes et ses vidéoclips (comme dans *Bonyeu*, où les figurants sont des chômeurs et des démunis). Inspirés par divers styles musicaux, les Colocs sortent en 1998 un dernier album plus sombre, *Dehors Novembre*, qui intègre avec brio les influences du reggae (avec la collaboration des frères Diouf) et du klezmer.

L'histoire des Colocs se termine cependant sur une note tragique avec le suicide de Dédé en 2000. Le groupe perd alors son principal « coloc » et le Québec est en deuil d'un de ses auteurs-compositeurs les plus colorés. Le film *Dédé, à travers les brumes* raconte le parcours intense et tortueux de cet artiste et de «ses colocs».

 À ÉCOUTER :

- ◆ Les COLOCS. *Les Colocs*. (1993) : BMG Québec, BG2 10557.
- ◆ Les COLOCS. *Atrocetomique*, (1995) : Ariola, 74321-31976-2.
- ◆ Les COLOCS. *Dehors Novembre*. (1998) : Musicomptoir, MUS2-1077.
- ◆ Les COLOCS. *Suite 2116*. (2001, album posthume inspiré d'extraits laissés par Dédé) : Musicomptoir, MUS21531.

À voir :

- ◆ DUVAL, Jean-Philippe. *Dédé, à travers les brumes*, 2009.

D'eux, Céline Dion (1995)

Native de Charlemagne, petit village à l'est de Montréal, Céline Dion a réalisé son rêve d'enfance : devenir une vedette internationale. Récipiendaire d'à peu près tous les prix décernés par l'industrie de la musique dans le monde (Grammy Awards, Junos, Félix, World Music Awards, etc.), elle a également fracassé des records de ventes de disques. Demeurée simple et profondément attachée à ses racines, Céline (comme on l'appelle familièrement au Québec) occupe une place toute spéciale dans le cœur des Québécois. Artiste prolifique, elle a produit de nombreux albums en français et en anglais en plus de tourner des vidéoclips et d'effectuer des tournées aux quatre coins du globe. En 2007, Céline monte pour la dernière fois sur la scène du Colosseum à Las Vegas pour donner la 717ᵉ représentation de *A New Day*, spectacle produit cinq soirs par semaine depuis quatre ans et ayant attiré près de 3 millions d'admirateurs. Digne d'un conte de fées, le phénomène Céline est unique dans l'histoire musicale du Québec.

En 1995, Céline sort un album francophone, *D'eux*, qui atteint rapidement le sommet des palmarès, et ce, même dans les pays anglophones (notamment en Grande-Bretagne). L'album, réalisé en collaboration avec Jean-Jacques Goldman (paroles et musique), se vend à plus de 7 millions d'exemplaires dans le monde entier. La chanson *Pour que tu m'aimes encore* connaît un succès sans précédent en France, où elle demeure numéro un au palmarès pendant 12 semaines. Comprenant plusieurs genres musicaux (pop, folk, jazz, soul), *D'eux* présente les célèbres chansons *Pour que tu m'aimes encore*, *Je sais pas*, *Les derniers seront les premiers*, *J'irai où tu iras* et *Vole* (chanson dédiée à Karine, la nièce de Céline Dion, emportée par la fibrose kystique). Pour plusieurs, ce disque compte parmi les meilleurs de la chanteuse qui, selon ses propres dires, a appris auprès de Goldman à « déchanter » (chanter plus doucement avec moins de vocalises). Trois titres de *D'eux* sont repris en version anglaise sur l'album *Falling Into You*, sorti un an plus tard (*Pour que tu m'aimes encore* devient *If That's What it Takes* alors que *Je sais pas* et *Vole* prennent tout simplement les titres d'*I Don't Know* et de *Fly*).

Lors des célébrations du 400e anniversaire de la ville de Québec, Céline Dion a donné un spectacle haut en couleur aux côtés de vedettes de la chanson québécoise (entre autres Éric Lapointe, Dan Bigras, Claude Dubois, Jean-Pierre Ferland et Ginette Reno). Ce concert a donné naissance à un DVD intitulé *Céline sur les Plaines*. Pour ceux et celles qui voudraient réécouter les grands succès de Céline, les albums *On ne change pas* (2005) et *My Love… Essential Collection* (2008) offrent les plus grands succès francophones et anglophones de l'artiste.

 À ÉCOUTER :

- ♦ DION, Céline. *D'eux* et Jean-Jacques GOLDMAN. (1995) : Sony France, CK80219.
- ♦ DION, Céline. *On ne change pas* (2005, comprenant les plus grands succès francophones) : Columbia, 67262482872.
- ♦ DION, Céline. *My Love… Essential collection*. (2008, comprenant les plus grands succès anglophones) : Columbia, 88697354132.
- ♦ DION, Céline et autres artistes québécvois. *Céline sur les plaines* (2008) : Productions J, PFDVD2331 (DVD).

Chapitre 7

Les dix séries télé à voir ou à revoir

ares sont les endroits sur la planète où les téléromans et les téléséries tiennent une place aussi importante qu'au Québec. Même avec la naissance et la popularisation des émissions de téléréalité, les séries continuent d'y avoir la cote.

Si certains sont parfois tentés de dénoncer le nombre d'heures que l'on passe devant la télévision, il faut garder en tête que dans bien des cas, le petit écran est un moyen, on ne peut plus efficace, de réunir tous les membres d'une même famille.

Par ailleurs, les séries télé qui ont marqué notre culture sont nombreuses, d'autant plus que la sortie en DVD de plusieurs d'entre elles fait en sorte que ces émissions sont maintenant connues par plusieurs générations.

Les Belles Histoires
des pays d'en haut

La série *Les Belles Histoires des pays d'en haut* a célébré en 2006 ses 50 ans. Pour fêter l'occasion, Radio-Canada a rediffusé des épisodes de ce grand classique de la télé québécoise. À la surprise générale, les cotes d'écoute se sont révélées énormes, démontrant ainsi que cette série ne passe pas de mode !

À l'époque de la colonisation des Laurentides, c'est-à-dire aux environs de 1895-1900, Séraphin fait la loi dans son patelin grâce à son statut de maire et à sa grande richesse. Particulièrement avare, Séraphin va jusqu'à épouser la fille d'un villageois incapable de lui rembourser sa dette : c'est ainsi que la belle Donalda, pourtant promise à Alexis Labranche, devient sa femme.

L'intrigue des *Belles Histoires* est plutôt connue, surtout depuis qu'un film de Charles Binamé l'a immortalisée au grand écran en 2002. Basée sur le roman *Un homme est son péché*, de Claude-Henri Grignon, le ton de la série ne diffère pas de celui du roman dont elle est inspirée, puisque c'est Claude-Henri Grignon lui-même qui en a signé les scénarios.

La série monumentale est restée dans les mœurs pour une bonne raison : c'est durant 14 ans que les téléspectateurs ont pu se délecter des aventures de Séraphin et Donalda, soit de 1956 à 1970, sur les ondes de Radio-Canada. L'intrigue des *Belles Histoires* reste très connue encore aujourd'hui, même pour la jeune génération qui a pu la découvrir avec l'adaptation d'*Un homme est son péché*, de Charles Binamé, présenté au grand écran en 2002.

La série, qui date donc d'avant même les débuts de la télévision québécoise, a grandement marqué notre imaginaire. Rarement une série n'aura choisi comme personnage principal un être aussi désagréable et haï que Séraphin, et à l'époque, des gens outrés de son comportement envers sa femme, la très soumise et obéissante Donalda, ont envoyé à la comédienne qui l'incarnait (Andrée Champagne) des denrées et des biens de première nécessité (la différence entre personnage et acteur n'étant manifestement pas encore bien saisie). On comprend mieux alors pourquoi Séraphin est passé à l'histoire, laissant même sa marque dans notre vocabulaire, puisque l'expression «être un séraphin», au sens «d'avare», est tirée de ce personnage et est unique dans la francophonie.

Si on ne peut nier, en visionnant les épisodes des *Belles Histoires*, que la série a vieilli, les personnages demeurent pour le moins attachants, et l'on comprend aisément l'envoûtement qui s'est opéré sur toute une génération lors de sa première diffusion.

Une partie des épisodes des *Belles Histoires des pays d'en haut* est disponible en DVD, à raison de quatre coffrets individuels, contenant chacun une vingtaine d'épisodes. Un coffret-cadeau en l'honneur du cinquantième anniversaire de la série est également disponible.

♦ GRIGNON, Claude-Henri. *Un homme et son péché*, Montréal, Les éditions du Totem, 1933.

Jamais deux **sans toi**

Les personnages de *Jamais deux sans toi* ont fait partie de la vie télévisuelle québécoise pendant près de 20 ans : comment oublier une série aussi authentique et marquante ?

Jamais deux sans toi se concentre sur les relations de couple et familiales, présentant le quotidien d'un couple de la petite bourgeoisie d'Outremont, Rémi et Francine Duval, interprétés par Jean Besré et Angèle Coutu, et de leurs enfants.

L'histoire de la série à elle seule suffit à expliquer la place qu'elle joue dans la mémoire collective québécoise. Au départ présentée de 1977 à 1980 sous la forme d'épisodes de 30 minutes, *Jamais deux sans toi* a d'abord adopté une formule plutôt comique. La seconde mouture de la série, diffusée de 1990 à 1992, est radicalement différente : Guy Fournier a préféré montrer un côté plus dramatique de la vie des mêmes personnages, cette fois dans des épisodes de 60 minutes, format lui permettant de pousser le scénario un peu plus loin. Le troisième volet de la série, *Les Héritiers Duval*, a connu un succès certes moins retentissant, mais a tout de même permis à une autre génération de découvrir la célèbre famille. À cause de l'intervalle présent entre chacune des séries, la famille Duval a vécu plus de 20 ans avec les Québécois et a mis en scène 4 générations de personnages, allant des parents de Rémi à ses petits-enfants.

Guy Fournier a le mérite d'avoir rendu ses personnages vrais, touchants et attachants, même s'ils n'étaient pas toujours agréables et sympathiques. D'ailleurs, un tel réalisme n'est pas dû au hasard : l'auteur avoue ouvertement s'être inspiré de gens de son entourage afin de mettre en scène personnages et événements.

On se souvient de *Jamais deux sans toi* comme d'une série abordant le couple et la sexualité sans pudeur, que peu de séries avaient osé traiter à l'époque. Au moment de la diffusion, elle détonnait dans le paysage télévisuel, puisqu'elle offrait le portrait d'un Québec contemporain et moderne, à une époque où régnaient les séries historiques.

Un coffret DVD regroupant les épisodes de la première série d'épisodes (1977-1980) est disponible.

Lance et compte

Lance et compte, comme bien des séries québécoises, a su se faire une place de choix dans notre univers télévisuel : depuis les années 1980, ses personnages nous font vivre une vaste gamme d'émotions.

Diffusées entre 1986 et 1989, les trois premières saisons de *Lance et compte* (*Coupe Stanley*, *Coupe du Monde* et *Sauvons le National*) ont grandement marqué le monde de la télévision. Plus récemment, quatre autres saisons se sont ajoutées à la série (*La nouvelle génération*, *La reconquête*, *La revanche* et *Le grand duel*), sans toutefois bouleverser le paysage télévisuel comme avaient pu le faire les saisons précédentes.

Pierre Lambert (interprété par Carl Marotte), jeune homme récemment recruté par le National de Québec, découvre tout de la vie de joueur de hockey vedette. Les divers intervenants du monde du hockey et de la vie privée des joueurs de l'équipe se côtoient dans cette série.

Lance et compte a immortalisé à l'écran l'amour que le peuple québécois voue au hockey et aux événements qui l'entourent. C'est aussi l'une des seules téléséries qui peut se vanter d'avoir cloué à leur fauteuil autant d'hommes que de femmes. Ce succès est simple : l'un des co-auteurs, Réjean Tremblay (aux côtés de Fabienne Larouche et de Louis Caron), connaît le milieu du hockey comme le fond de sa poche. On y croit d'autant plus que la dimension personnelle de la vie des joueurs est elle aussi abordée.

Lance et compte est aussi la première télésérie québécoise à s'être clairement distinguée des téléromans, où les personnages discutaient plus qu'ils n'agissaient. Avec des budgets beaucoup plus importants, *Lance et compte* a sorti la télévision des studios, avec des scènes extérieures et un rythme plus soutenu, plus rapide, plus proche du cinéma. Pour la première fois, donc, on voyait des joueurs sur la glace, plutôt que de seulement les entendre raconter leurs prouesses.

La série a d'abord choqué, et quelques scènes et certains propos parfois provocateurs ont fait couler beaucoup d'encre. Par ailleurs, si l'aspect visuel de la série et le look de certains personnages témoignent sans équivoque de l'époque du tournage, le fond demeure encore vrai et actuel.

 Toutes les saisons sont disponibles sur DVD.

L'Héritage

Victor-Lévy Beaulieu, l'un des grands auteurs de la télévision québécoise, a écrit *L'Héritage*, diffusé entre 1987 et 1990, l'une des séries les plus marquantes et les plus populaires d'ici.

Cette série présente l'histoire de la famille Galarneau, établie à Trois-Pistoles, lieu fétiche de l'auteur. Les tensions au sein de cette famille, composée de Xavier, le père, Xavier Jr., Miville, Julie et Myriam, fille aînée mystérieusement partie pour Montréal, sont au cœur même de la série, qui aborde le thème troublant de l'inceste.

L'Héritage, c'est surtout la rencontre d'esprits forts qui s'opposent, luttent et se confrontent. Entre les enfants de Xavier Galarneau s'installe une guerre de pouvoir, une fois leur père décédé. Les personnages campés par Gilles Pelletier, Yves Desgagnés, Robert Gravel, Sylvie Léonard et Nathalie Gascon, pour ne nommer que ceux-là, ont marqué l'imaginaire québécois, tout comme la façon toute particulière que Victor-Lévy Beaulieu a de les faire s'exprimer.

Ces personnages sont toujours entiers ; animés par de grandes passions, ils vivent toutes les émotions sans ménagement. On dit d'ailleurs d'eux qu'ils sont carrément «mythologiques» tant les émotions qui les animent et les obstacles qu'ils affrontent sont classiques et intemporels.

Victor-Lévy Beaulieu ne fait jamais dans la fioriture, bien que l'univers entier de l'auteur figure dans cette série, comme d'ailleurs dans le reste de son œuvre. Ainsi, on ne verra pas dans *L'Héritage* de décors majestueux, de dialogues inutiles ou d'événements insignifiants. C'est cette simplicité qui fait que ses personnages sont de si bons moteurs des grands drames humains.

On peut voir la série en rediffusion sur les chaînes spécialisées. Les grands amateurs pourront nourrir leur nostalgie avec la lecture des deux volets du roman qui a précédé la télésérie, *L'automne* et *L'hiver*, l'adaptation télévisuelle étant le fidèle reflet du roman.

♦ BEAULIEU, Victor-Lévy. *L'Héritage*, 2 volumes, Montréal, Éditions Stanké, 1987.

Les Filles de Caleb

Les Québécois raffolent des téléséries historiques. *Les Filles de Caleb*, diffusée au début des années 1990, a une fois de plus confirmé ce penchant pour l'histoire.

La série se concentre autour d'Émilic, fille aînée de Caleb Bordeleau et maîtresse d'une école de rang, en Mauricie, autour de 1900. Elle épousera Ovila Pronovost, réputé pour son caractère farouche, sans savoir quel dur destin l'attend.

Tout au long de sa vie, Émilie Bordeleau gardera une grande passion pour son métier d'institutrice et croira fermement en la nécessité de l'éducation. Il s'agit d'un personnage féminin fort, qui tient à ses idées. Mais *Les Filles de Caleb*, c'est avant tout l'histoire d'une grande passion, celle d'Ovila et d'Émilie, respectivement incarnés par Roy Dupuis et Marina Orsini. À travers leur histoire déchirante, c'est un pan de la société québécoise qui se dessine, entre autres la colonisation de l'Abitibi, à laquelle participera Ovila. La présence de l'Église, les relations entre les familles Bordeleau et Pronovost, ainsi que les mœurs du début du XXe siècle, nous rappelent à quel point nos ancêtres ont parfois eu la vie dure.

Basé sur le roman *Les Filles de Caleb : le chant du coq* d'Arlette Cousture, le récit de la famille fondée par Ovila et Émilie a tenu le Québec en haleine : à l'époque de la première diffusion, on estime que certains épisodes ont été regardés par plus de 3 millions de personnes, ce qui représente alors environ la moitié de la population du Québec. *Blanche*, la suite des *Filles de Caleb*, a aussi connu un grand succès.

Grâce au travail vigilant du réalisateur, Jean Beaudin, qui a pris soin de respecter les détails chronologiques qui s'imposaient, la série a très bien vieilli. C'est assurément la combinaison d'une histoire envoûtante, de paysages magnifiques, de costumes et de décors d'époque ainsi que d'une musique accrocheuse qui a fait de la série un des grands classiques québécois.

Un coffret DVD regroupant les 20 épisodes de la série *Les Filles de Caleb* est disponible. La suite de la série, *Blanche*, l'est également.

La Petite Vie

La Petite Vie présente, à coups d'épisodes de trente minutes, les aventures de la famille Paré, composée de Pôpa (Claude Meunier), de Môman (Serge Thériault) et de leurs quatre enfants, Rénald, Thérèse, Caro et Rod. Se greffent à cet univers loufoque quelques personnages bien connus, comme Réjean, Lison (dite Creton) et Pogo.

Tout le pouvoir d'attraction de *La Petite Vie* réside dans la caricature pas si exagérée que représente chacun des personnages : il suffit pour le constater de penser à Rénald, le gérant de caisse populaire près de ses sous, à Réjean, le coureur de jupons, et à Caro, la militante toujours à la recherche de son identité.

Le temps d'un épisode, de nombreux invités agrémentent et dynamisent le quotidien de Pôpa et Môman ; de Céline Dion à Janette Bertrand en passant par Dominique Michel, plusieurs personnalités québécoises ont fait une brève apparition dans la série, qui détient toujours le record de cotes d'écoute.

La Petite Vie a su se démarquer des autres séries québécoises et créer un genre à part. Tout d'abord, on peut voir dans les personnages une adaptation comique des téléromans traditionnels : le père qui refoule ses émotions et la mère qui se dévoue à ses enfants sans forcément qu'on s'occupe d'elle en retour n'en sont que quelques exemples. De plus, quelques extravagances dans sa conception lui confèrent un caractère unique : ce n'est certes pas dans toutes les séries qu'un personnage féminin serait joué par un homme, et que les lits tiennent naturellement à la verticale !

Bien que *La Petite Vie* soit avant tout une comédie, elle devient souvent un peu moins cocasse quand on s'y arrête, principalement en ce qui a trait à la nature caricaturale des personnages, où Claude Meunier présente quelques traits plus ou moins reluisants de la société québécoise.

Un coffret regroupant tous les épisodes de *La Petite Vie* a été mis en vente pour célébrer le quinzième anniversaire de la diffusion de la première émission, en 1993. Ce coffret inclut également quelques bonus, les dessous de *La Petite Vie* et les meilleurs moments de la série.

Fortier

Fabienne Larouche est l'une des auteures de téléromans les plus prolifiques du Québec, et sa télésérie *Fortier* a connu un vif succès dans les dernières années.

La psychologue Anne Fortier (Sophie Lorain), caractérisée par une grande maladresse et une personnalité plutôt secrète, aide la police à résoudre des crimes. Personnage complexe et secret, la psychologue au passé trouble « efface » sa vie personnelle, ne dévoilant que très peu d'elle ; ses actions nous en apprennent bien davantage à son sujet.

Figurant parmi les téléséries les plus populaires des dernières années, *Fortier* est à la hauteur de bien des séries policières américaines. Fabienne Larouche sait mettre en scène des personnages entiers, bien conçus, auxquels on croit, défi d'autant plus complexe que plusieurs d'entre eux ne se situent pas forcément dans la norme ni la santé mentale…

La série ne vise pas tant à nous glacer le sang par la présentation de crimes affreux qu'à nous inciter à réfléchir sur la nature humaine et sur les motivations qui peuvent amener des gens troublés à commettre tel ou tel geste. C'est en discutant avec son conjoint psychologue de cas sur lesquels il a travaillé que Fabienne Larouche a trouvé son inspiration pour la télésérie.

Parce que quelques intrigues se poursuivent dans chacune des saisons, l'intérêt reste soutenu et c'est avec fascination qu'on suit le parcours de la détective. *Fortier* est une télésérie trépidante, dans laquelle l'action abonde, et qui met systématiquement le spectateur dans l'attente du prochain épisode.

Les coffrets DVD de la série s'avèrent d'ailleurs le meilleur moyen de découvrir ou de redécouvrir *Fortier*, puisque l'envie d'écouter les épisodes les uns à la suite des autres est tenace. C'est à se demander comment le public québécois a su patienter une semaine entre chaque épisode !

Chacune des cinq saisons de *Fortier* est disponible en DVD.

La vie, la vie

À la fois légère et touchante, à mi-chemin entre le drame et la comédie, *La vie, la vie* est une série jeune, fraîche, qui montre à quel point le Québec est capable de produire des téléséries uniques.

Un groupe d'amis dans la trentaine conjugue les aléas de la vie urbaine : amour, amitié, famille, travail et recherche du bonheur sont au menu. On découvre le quotidien, les soucis et les buts de cinq personnages différents et attachants, aussi bien ensemble que séparément : un notaire, un informaticien, un commis de club vidéo aux ambitions de scénariste, une journaliste pigiste et un propriétaire de bar homosexuel.

De *La vie, la vie*, on retient la tendresse qui émane des personnages et de leurs aventures. Ce portrait d'une génération (la génération X), dressé par Stéphane Bourguignon, est sans faille : juste, précis et émouvant. C'est aussi intensément réconfortant : cette génération, pas toujours montrée sous un jour heureux, est ici présentée sous un angle chaleureux, honnête, avec ses qualités, ses défauts et ses aspirations. Du rire aux larmes, l'auteur fait passer le spectateur par une panoplie d'émotions. L'identification aux personnages est facile et tentante, il faut l'admettre, qu'on ait leur âge ou non : la recherche du bonheur et de soi, les relations amoureuses et familiales, les angoisses liées au travail et à l'avenir sont tout simplement intemporelles et universelles.

La vie, la vie fait partie du milieu télévisuel québécois qui montre un autre visage de ce que nous sommes. En sortant des studios et en présentant un grand nombre de scènes extérieures, *La vie, la vie* a montré que les séries québécoises peuvent traiter de couple, de destin et de bonheur sans forcément se cantonner aux discussions de cuisines et de chambres à coucher. C'est aussi un magnifique portrait de Montréal et du plateau Mont-Royal. S'apparentant presque davantage à celles du cinéma, les images défilent, fluides et continues, et font en sorte que chaque épisode de trente minutes passe extrêmement rapidement. La symbiose entre images et musique est aussi impeccable. Le seul regret qu'on puisse avoir face à cette série, c'est qu'elle n'ait duré que deux ans : son statut de série culte en témoigne.

Un coffret DVD regroupe tous les épisodes de la série.

Les Bougon, c'est aussi ça la vie!

Au cours des dernières années, peu de séries ont suscité autant la controverse que *Les Bougon* : la limite de ce que le public québécois était habitué à voir au petit écran a bel et bien été franchie, avec les nombreuses réactions que cela suppose.

La série propose pour la première fois à la télé québécoise le portrait de tout ce qui s'oppose au «bon citoyen». Elle présente le quotidien plutôt surprenant de la famille Bougon qui tire son épingle du jeu des situations les plus loufoques et qui contourne une à une les règles établies, et ce, en toute connaissance de cause.

Le titre de la série, *C'est aussi ça la vie*, pourrait difficilement être plus approprié : si les téléromans et téléséries présentent majoritairement des personnages vivant dans le droit chemin ou identifient clairement ceux qui, dirait-on, ont fait fausse route, *Les Bougon* propose plutôt de montrer que des individus pas toujours honnêtes font aussi partie de la société, et ce, sans aucune gêne. Si ça peut sembler choquant de prime abord, le succès de la série prouve que cette impression n'est que passagère : quand on entre dans leur univers, on se demande jusqu'où les personnages iront pour arriver à leurs fins et l'on en décroche que difficilement.

La famille Bougon, malgré ses nombreux travers, est attachante, et à défaut d'admirer les personnages pour leur sens des valeurs, on en vient à les trouver attendrissants ou drôles, selon le cas. Les Bougon, loin d'aspirer à une vie normale et rangée, assument pleinement leur imperfection. Cette liberté dans le non-conformisme remet d'ailleurs notre système en question et secoue les certitudes : il est impossible de visionner ne serait-ce qu'un épisode sans se demander si des gens osent vraiment vivre ainsi, et si oui, combien ?...

La série, écrite par François Avard et Jean-François Mercier, a provoqué un véritable tollé dans les semaines suivant la diffusion de la première saison. L'écriture audacieuse et sans tabou a bien sûr choqué beaucoup de gens! Pourtant, aujourd'hui, le concept de la série est repris à l'étranger, notamment en France.

Les trois saisons des *Bougon* sont disponibles en coffrets DVD.

Minuit le soir

Si les bars sont des lieux de prédilection dans les téléromans ou les téléséries, peu peuvent se targuer à en avoir fait le centre de leur histoire. *Minuit le soir* explore cet univers plus souvent effleuré qu'approfondi.

En effet, la série se déroule dans le monde des bars montréalais à travers la vie de trois portiers, Marc (Claude Legault), Gaëtan (Julien Poulin) et Louis (Louis Champagne), et de leur patronne, Fanny (Julie Perreault), propriétaire du bar où ils travaillent.

Pour une rare fois à la télévision, *Minuit le soir* met en avant des personnages noirs, tourmentés et troublés, et aucun des trois personnages masculins principaux ne vit allègrement son quotidien. Le génie de l'émission réside justement dans la manière de montrer leur mal-être. Vivant par l'action et le silence plus que par la parole, les trois portiers se laissent deviner plus qu'ils ne s'offrent au téléspectateur : on découvrira tout de même chez eux des émotions que l'on soupçonne rarement chez des gens qui font un métier aussi dur, ainsi que tout un pan de leur vie personnelle et amoureuse.

Visuellement, *Minuit le soir* concorde en tous points avec l'univers des bars qu'elle présente, entre autres par son rythme rapide et saccadé, et détone grandement de la plupart des autres téléromans.

Ce qu'il faut retenir de cette série, c'est sans doute sa grande dimension humaine. Les personnages hésitent, échouent, réessaient, s'interrogent comme nulle part ailleurs, sans fausse pudeur, mais sans non plus le faire ouvertement. On se penche sur les relations hommes-femmes, le travail et la place qu'il doit occuper dans la vie, sur le bonheur, bref, sur ce qui importe, sur tout ce qui compte.

La série, coécrite par Claude Legault et Jean-Pierre Bernard, a connu un vif succès ; on s'attriste d'ailleurs qu'il n'y ait eu que trois saisons.

Les trois saisons de *Minuit le soir* sont disponibles en DVD individuellement ou en coffrets DVD. Un autre coffret les regroupant toutes les trois saisons.

Chapitre 8

Les dix plaisirs de la table à ne pas manquer

es produits du terroir québécois sont réputés pour plusieurs raisons. D'abord, ils sont variés et abondants, car le climat d'ici permet que de nombreuses ressources puissent être exploitées : fruits, légumes, viandes, poissons et produits laitiers, entre autres, sont à l'honneur. Les différents héritages culturels dont a bénéficié la province y sont aussi pour beaucoup dans la diversité de nos produits, la France, l'Angleterre et les peuples amérindiens ayant irrémédiablement influencé notre alimentation, et donc logiquement ce que nous produisons.

L'explosion du cocooning et la multiplication des émissions de cuisine des dernières années ont poussé un peu plus loin la popularité des recettes et des produits québécois : aujourd'hui, il est bien souvent plus facile qu'avant de s'approvisionner en produits locaux, et ce n'est qu'un début !

De nombreux livres et sites Web de recettes, des plus classiques aux plus audacieuses, mettent en valeur les produits québécois. Qu'on préfère suivre une recette à la lettre ou simplement s'en inspirer, les produits du Québec, nombreux, diversifiés et surtout délicieux, sauront toujours en faire un franc succès.

Les produits de l'érable

L'acériculture fait partie du paysage québécois depuis des générations : cette tradition, héritée des Premières Nations, remonterait au XIIIe siècle. L'histoire veut même que les Amérindiens se soient servis des produits de l'érable comme médicament pour les bronches. Même si la technologie a révolutionné la récolte de la sève et la confection des produits de l'érable, ces derniers n'ont rien perdu de leur qualité (certains diront même qu'ils y ont gagné).

Les cabanes à sucre ont bien entendu toujours la cote : encore aujourd'hui, nombreux sont les citadins et les touristes qui les visitent. On demande d'ailleurs souvent aux Québécois d'amener des produits de l'érable lorsqu'ils visitent des amis ou de la famille à l'étranger ; et les touristes qui visitent la belle province repartent souvent avec du sirop dans leur valise. Ce n'est pas sans raison : peu de choses évoquent le Québec aussi bien que les produits de l'érable. Il est vrai que les tartes, les crèmes glacées et les cornets au sirop d'érable sont tout simplement délicieux.

Dans un tout autre esprit, certains cuisiniers et artisans cherchent à renouveler les produits classiques de l'érable, soit en les raffinant davantage soit en les intégrant à une cuisine haut de gamme plus recherchée. En plus de rehausser l'assaisonnement de salades ou de viandes, notamment le porc, les produits de l'érable peuvent aussi entrer dans la composition de nombreux desserts délicats et de condiments variés.

Il est possible de remplacer le sucre par du sirop d'érable dans toutes les recettes, en ajustant quelque peu les quantités requises. Par exemple, dans les recettes de gâteau, il suffit de mettre 60 ml d'ingrédients liquides de moins pour chaque tasse de sirop remplaçant le sucre.

POUR EN SAVOIR PLUS

Le www.sucrezmieux.ca présente les vertus des produits de l'érable, en plus de fournir toute l'information nécessaire pour remplacer les autres sucres. Meilleur pour la santé et au goût : ça ne se refuse pas !

Les bleuets
du Saguenay–Lac-Saint-Jean

Cela fait environ 100 ans que le bleuet est cultivé commercialement au Québec. Cette industrie occupe une place importante au Saguenay–Lac-Saint-Jean, surtout depuis l'instauration des méthodes de congélation, qui rendent désormais plus facile l'exportation des bleuets québécois. Cette avancée technologique permet d'autre part aux amateurs de savourer et de cuisiner des bleuets en dehors des périodes de récolte...

Le bleuet qui pousse en abondance dans la région du Saguenay–Lac-Saint-Jean est appelé «bleuet géant», et pour cause : il est deux à trois fois plus gros que le bleuet sauvage, qui pousse lui aussi en grande quantité au Québec. Il est d'ailleurs possible de cueillir soi-même des bleuets dans de nombreuses régions, de la fin juillet au début septembre.

Les bleuets ont la cote depuis quelques années, particulièrement depuis que leur haute teneur en antioxydants a été démontrée : c'est donc un aliment santé recommandé pour contribuer à prévenir les effets du vieillissement, en plus d'être un fruit savoureux et délicieux qu'on peut adapter à un grand nombre de recettes.

Véritable vedette de l'alimentation, ce petit fruit bleu ou mauve fait son petit bonhomme de chemin dans toutes les spécialités de notre cuisine. C'est vrai que le bleuet n'est plus utilisé que dans les tartes, gâteaux, confitures et muffins : cuisiné en sauce ou en relish, il accompagne désormais à merveille les viandes, les fromages et pourquoi pas le foie gras !

Bien sûr, on connaît bien les tartes et autres desserts traditionnels contenant des bleuets, et nombreux sont ceux et celles qui raffolent des bleuets au chocolat des frères trappistes, qu'on peut se procurer dès la fin de l'été dans plusieurs commerces et épiceries. Ce qu'on sait moins, c'est que les frères trappistes concoctent aussi un alcool de bleuet appelé Minaki. Servi seul ou sur glace, cet apéritif, dont la confection est inspirée d'une tradition amérindienne, fait toujours sensation. Le Minaki est offert dans certaines succursales de la SAQ.

Le site du Syndicat des producteurs de bleuets du Québec (www.spbq. ca) fournit un grand nombre d'informations : les bleuetières qu'on peut visiter, les lieux où l'on peut soi-même en cueillir, les vertus et bienfaits des bleuets et des recettes mettant les bleuets à l'honneur.

Les poissons fumés

Si les Amérindiens fumaient déjà le poisson il y a des siècles, la technologie moderne a, quant à elle, permis à l'industrie du poisson fumé de se spécialiser et de s'étendre.

Les principaux poissons fumés québécois sont la truite et le saumon. Quelques artisans fumeurs proposent aussi de l'esturgeon, des pétoncles, de l'anguille, de la morue, du maquereau et du hareng.

La méthode utilisée aujourd'hui est une heureuse combinaison des procédés artisanaux et des apports positifs de la technologie moderne. Les poissons sont enduits de sel de mer et parfois d'un mélange d'épices, ce qui les prépare à la fumaison. Ils sont ensuite fumés à froid avec l'apport aromatique de différents bois, généralement de l'érable ou des arbres fruitiers. Bien entendu, chaque fumoir artisanal possède sa propre recette secrète, chacun variant les épices, les herbes et les bois utilisés.

Il peut être très simple de cuisiner la truite ou le saumon fumé, et les utilisations qu'on peut en faire sont variées. La recette la plus simple consiste à les servir légèrement assaisonnés de jus de citron et d'huile d'olive, avec de minces tranches d'oignon et des câpres. Les poissons fumés se prêtent également très bien à plusieurs recettes, qu'elles soient simples ou complexes. Peu importe comment on l'apprête, le poisson fumé fait toujours sensation ! Certes, il a la réputation d'être quelque peu dispendieux, mais une fois de temps en temps, ce petit luxe est un agréable plaisir à s'offrir.

La province compte un grand nombre de fumoirs, répartis dans les régions où la pêche est abondamment pratiquée, notamment dans le Bas-Saint-Laurent, dans la région de la Capitale-Nationale et en Gaspésie. Une grande partie de ces fumoirs destinent leurs produits aux grands restaurants, à l'exportation et au commerce local; le meilleur moyen de déguster différents poissons fumés et de comparer leur saveur est donc de se rendre sur place.

POUR EN SAVOIR PLUS
Le site du ministère de l'Agriculture, de la Pêche et de l'Alimentation du Québec (MAPAQ) (www.mapaq.gouv.qc.ca/Fr/Regions) présente par région les nombreux fumoirs artisanaux et leurs coordonnées; il suffit donc de faire une simple recherche pour découvrir les artisans des régions que l'on prévoit de visiter.

Les fromages artisanaux

Les fromages font partie de notre culture depuis des générations, mais l'apparition des si nombreuses variétés de fromages d'ici est plutôt récente. En fait, tout un pan de l'histoire du Québec se déroule en même temps que l'industrie des fromages se développe. Les colons français ont bien sûr amené avec eux leurs connaissances et leurs méthodes de fabrication fromagères, mais il a fallu attendre les années 1890 pour que la production de fromage au Québec prenne tout son sens, principalement grâce au travail des moines de la trappe d'Oka et de ceux de l'abbaye de Saint-Benoît-du-Lac.

Dans les années 1980, un certain retour à la terre se fait sentir, et plusieurs petits producteurs de fromage mettent leurs produits artisanaux sur le marché, développant peu à peu la solide réputation que le Québec s'est acquise depuis dans le domaine. Ces artisans fromagers, établis dans les différentes régions de la province, proposent en effet plus de 3000 produits de grande qualité, dont plusieurs se distinguent et remportent encore des prix d'excellence.

Ainsi, c'est avec une saveur unique que les producteurs des fromages d'ici se spécialisent dans diverses variétés: pâte fraîche, molle, ferme, semi-ferme; fromage de chèvre, de brebis, de vache; de lait pasteurisé ou cru.

POUR EN SAVOIR PLUS
Les fromages d'ici jouissent d'une excellente visibilité depuis plusieurs années: abondamment annoncés et faisant souvent partie des ingrédients d'une variété de recettes appétissantes, ils n'ont rien à envier aux fromages de nos cousins

français. Le www.fromagesdici.com regroupe un incroyable nombre de recettes, en plus de fournir toute l'information nécessaire quant aux différentes variétés de fromages québécois et aux régions dans lesquelles ils sont produits. On y trouve également tout ce qu'il faut savoir pour profiter pleinement des fromages du Québec : information sur les accords cidres-fromages et bières-fromages, quelques idées pour réinventer raclettes et fondues et détails de présentation, de service et d'agencement.

Les fromagers de tous les coins du Québec sont également une source d'information de premier choix : qui d'autre qu'eux serait mieux qualifié pour aider à la sélection quand vient le temps de faire un plateau de fromages ? D'ailleurs, plusieurs fromagers acceptent de faire goûter leurs produits aux acheteurs, afin que le choix soit toujours heureux.

Le smoke meat
et les bagels montréalais

Si Montréal n'est pas l'endroit où l'on conçoit des produits du terroir en très grand nombre, il faut tout de même souligner deux denrées locales très importantes et pour lesquelles l'exportation est énorme : la viande fumée et les bagels.

Le *smoke meat*, c'est en fait de la poitrine de bœuf fumée et marinée dans un mélange d'épices aussi secret que les institutions montréalaises qui le servent sont connues. La tradition de la métropole veut qu'elle soit servie en sandwich sur du pain de seigle, avec des frites, un cornichon et de la salade de chou. C'est aux immigrants juifs d'Europe de l'Est qu'on doit le *smoke meat*, aujourd'hui véritable incontournable montréalais. Si quelques chaînes de restaurants se targuent elles aussi d'offrir de la viande fumée au menu, elle n'est toutefois en rien comparable avec celle que l'on peut déguster chez les grands noms du *smoke meat*.

Les bagels montréalais sont eux aussi très connus. Faits à la main et offerts dans un grand nombre de variétés, les bagels sont eux aussi un apport de la culture juive.

POUR EN SAVOIR PLUS

Bien que plusieurs restaurants servent du smoke meat, une grande institution (et le mot est bien choisi) montréalaise est à visiter : Chez Schwartz. Ouvert depuis 1928, Schwartz est un incontournable : le nombre impressionnant de personnalités connues qui s'y sont arrêtées le prouve ! À l'intérieur, tous se côtoient sans gêne dans cet établissement qui n'a pratiquement pas changé de décor depuis 75 ans.

Le *smoke meat* montréalais est maintenant plus facile à obtenir, et ce, sans même passer par la métropole. On peut en effet en commander par Internet chez Déli Lesters, fier compétiteur de Schwartz depuis les années 1950, qui offre de la viande fumée emballée sous vide. Ce procédé permet non seulement de la conserver plus longtemps, mais aussi de pouvoir la réchauffer en faisant tremper le sachet quelques instants dans l'eau bouillante pour un rapide sandwich maison.

Les bagels, quant à eux, sont à déguster au très célèbre Fairmount Bagel. Ouvert 24 heures sur 24, ce commerce mythique du Mile-End ne dérougit pas : nombreux sont ceux et celles qui se déplacent pour aller chercher un sac de bagels encore chauds !

LES BONNES ADRESSES

- ♦ Chez Schwartz
  3895, boulevard Saint-Laurent
  www.schwartzsdeli.com
- ♦ Fairmount Bagel
  74, rue Fairmount Ouest
  www.fairmountbagel.com
- ♦ Deli Lester's
  1057, rue Bernard Ouest
  www.lestersdeli.com

Les roulottes à patates

Les roulottes à patates sont caractéristiques du Québec. Plus de 600 roulottes et autobus aménagés en restaurants s'établiraient sur le bord des routes chaque été dans la province, permettant ainsi aux automobilistes de casser la croûte

Il est possible de croire qu'il y a autant de restaurants sur le bord des autoroutes du Québec, entre autres, à cause de sa dimension considérable et des grandes distances entre les villes et les villages. Un autre pan de l'histoire démontre que ces roulottes étaient, à l'origine, aussi populaires dans les régions urbaines : en s'installant près des usines et des industries, quelques restaurateurs futés auraient réussi à transformer des ouvriers pressés en clients réguliers. Quelques-unes de ces roulottes sont d'ailleurs devenues plus tard des restaurants au sens conventionnel du terme : Chez Ashton (dans la région de Québec) et les Restaurants D. Lafleur (dans la région de Montréal) en sont de très bons exemples.

Le menu des cantines de bord de route est bien souvent très classique : on y trouve presque systématiquement hamburgers, hot-dogs, club-sandwichs, pizzas et frites. Une spécialité radicalement québécoise tient aussi une place de choix dans leur menu : la poutine, bien entendu ! Ce plat, en particulier, est le sujet de nombreuses variations : la galvaude (inspirée du *hot chicken* et servie avec des petits pois et du poulet) et la poutine italienne (avec de la sauce à « spagate ») sont les plus connues, mais une simple visite dans un restaurant spécialisé dans la poutine suffit pour constater que les possibilités sont presque infinies.

Au-delà de cette cuisine réconfortante et pleine de souvenirs d'enfance pour bien des gens, ce qui fait l'intérêt des cantines de bord de route, c'est bien sûr la possibilité de manger sans prétention des produits locaux ; ainsi, on peut se délecter de guédilles au crabe ou à la crevette en Gaspésie ou sur la Côte-Nord, et même y savourer une poutine aux crevettes, dans laquelle la sauce brune cède sa place à une sauce béchamel.

POUR EN SAVOIR PLUS

Un livre récemment paru fournit de l'information pertinente et divertissante aux amateurs de poutine, et par le fait même, de cantines de bord de route. *Maudite Poutine*, de Charles-Alexandre Théorêt, regroupe tout ce qu'il faut savoir sur ce plat québécois typique : ses recettes, son histoire et, surtout, où la déguster !

♦ THÉORÊT, Charles-Alexandre. *Maudite Poutine : l'histoire approximative d'un plat populaire*, Montréal, Héliotrope, 2007, 157 p.

Les viandes de gibier

Même si nos ancêtres de Nouvelle-France chassaient souvent le gibier pour se nourrir, l'élevage d'animaux de ferme a tranquillement fait reculer la tradition de la chasse et des repas qui s'ensuivent. Fort heureusement, les viandes de gibier sont aujourd'hui beaucoup plus accessibles, qu'il s'agisse de gibier sauvage, donc chassé par des particuliers, ou de gibier d'élevage, lors duquel les animaux sont élevés dans des conditions proches de leur état naturel.

Le gibier n'est en effet plus le luxe exclusif des chasseurs et de leur famille : aujourd'hui, tous peuvent goûter la chair savoureuse des viandes qu'on connaît souvent peu, sans pour autant avoir à pratiquer la chasse. Bison, cerf rouge, sanglier, wapiti, orignal, lapin, lièvre, chevreuil, caille, pintade… Le choix est grand.

Les viandes de gibier ne sont plus cuisinées seulement dans les plats traditionnels : même si certains mets demeurent d'incontournables classiques – on pense, entre autres, à la tourtière du lac Saint-Jean et au cipâte, prononcé « cipaille » dans certaines régions –, le gibier a fait son apparition dans des plats aussi variés que les pâtes farcies, les viandes marinées et les fondues. Plus encore, le gibier sous toutes ses formes occupe une place importante dans la restauration haut de gamme, spécialement en région : les grandes tables souhaitent souvent mettre en valeur ces produits locaux.

Pour en savoir plus

Comme ce n'est pas tout le monde qui pratique la chasse ou qui connaît quelqu'un qui s'y adonne, plusieurs bouchers offrent donc des viandes de gibier d'élevage. Il suffit de se renseigner ! Toutefois, les bouchers qui tiennent leur propre boutique sont plus susceptibles de proposer une vaste gamme de viandes de gibier que ceux qui travaillent dans les épiceries et les grandes surfaces.

Plusieurs ouvrages sur la viande de gibier sont aujourd'hui disponibles. Parmi ceux-ci, le livre *Gibier à poil et à plume*, de Jean-Paul Grappe, professeur à l'Institut de tourisme et d'hôtellerie du Québec, constitue une excellente référence pour les amateurs de gibier, qu'on soit débutant ou expert, en cuisine comme à la chasse.

♦ GRAPPE, Jean-Paul. *Gibier à poil et à plume*, Montréal, Éditions de l'Homme, 2008, 432 p.

Les crevettes nordiques

Ce crustacé, qu'on appelle à tort « crevette de Matane » ou « crevette de Sept-Îles », devrait en fait être appelé *crevette nordique*, nom dû à leur provenance et aux eaux froides dans lesquelles il est pêché. C'est entre autres à cause de sa grande popularité que la crevette n'est plus un fruit de mer librement pêché, mais bien un produit dit industriel. Heureusement, c'est une industrie qui a le vent en poupe !

Les crevettes nordiques sont beaucoup plus petites que celles qui viennent des autres régions du globe et sont aussi plus savoureuses et délicates au goût. De plus, des recherches ont démontré que les crevettes nordiques d'ici sont plus nutritives que celles qui viennent d'Asie, une raison de plus pour encourager cette industrie locale.

Les crevettes sont bel et bien implantées dans notre alimentation, et ce, sous plusieurs formes, qu'il s'agisse de plats bien connus et traditionnels, comme le pot-en-pot des Îles-de-la-Madeleine, ou des incontournables recettes d'entrées ou de buffets, comme le cocktail de crevettes. Au-delà des plats que l'on connaît tous, la crevette se prête très bien aux cuisines du monde : les recettes asiatiques, entre autres, en comportent souvent.

QUELQUES IDÉES RECETTES

Toutefois, même si le succès d'une couronne de crevettes nordiques est toujours retentissant, on peut facilement réinventer cette entrée bien connue en remplaçant tout simplement la sauce à cocktail, par exemple par une trempette rafraîchissante faite d'une mangue et d'un peu de gingembre hachés grossièrement à la main ou au robot, auxquels on ajoute du jus de citron ou de lime et un peu d'huile d'olive. Succès garanti !

Dans un esprit plus traditionnel, il est aussi très simple de faire sa propre salsa maison avec des légumes dont la saveur rehaussera celle de la crevette. Il suffit de hacher finement tomates, olives, concombre et oignons verts, puis d'ajouter un peu de jus de citron au mélange. On peut aussi y glisser des câpres et du piment de Cayenne.

D'autre part, pour changer, les mélanges improvisés à base de mayonnaise, de crème sure ou de crème fraîche sont toujours savoureux. En ajoutant à la base de notre choix un assortiment d'épices (graines de fenouil, de coriandre, de moutarde), de fines herbes fraîches (aneth, ciboulette, coriandre) et des zestes d'agrume, on concocte chaque fois une trempette différente !

Le canard du Lac Brome

Ce sont des canards de Pékin qu'on élève au Québec. Cela peut sembler étrange, mais cette espèce facile à élever est reconnue pour la saveur de sa chair et pour ses œufs.

Il n'y a pas si longtemps que le canard d'élevage fait partie de l'alimentation québécoise. Plusieurs hésitent d'ailleurs encore à le cuisiner, peut-être à cause de sa réputation de produit coûteux. Certes, le canard est moins abordable que d'autres viandes ou volailles, mais ce n'est assurément pas une raison pour s'en passer : il suffit de choisir les occasions de le savourer.

Par ailleurs, que ceux et celles qui sont intimidés à l'idée de cuisiner pour la première fois une viande nouvelle se rassurent : le canard est offert sous plusieurs formes, incluant des viandes à cuire ou cuites, assaisonnées ou non, des saucisses, des pâtés, des produits prêts à manger, etc.

Ce qui rend le canard encore plus intéressant, culinairement parlant, c'est bien sûr le fait que sa chair se prête à une multitude d'usages. Qu'on opte pour le canard confit, c'est-à-dire cuit dans son propre gras, ou pour une pièce fraîche, on savourera immanquablement des plats très différents, mais toujours délicieux.

Le gras de canard gagne lui aussi à être découvert, car il rehausse avec raffinement et subtilité les légumes et les viandes. Certains gourmets vont même jusqu'à l'utiliser pour faire revenir à la poêle quelques pommes de terre, c'est dire à quel point le gras de canard peut remplacer aisément l'huile ou le beurre dans certaines recettes ! Il ne faut donc pas redouter d'intégrer le canard à notre alimentation, d'autant plus que cela peut se faire très facilement.

Pour en savoir plus

L'entreprise québécoise Canards du Lac Brome a ouvert ses portes en 1912 et a aujourd'hui acquis une grande renommée dans toute la province. Faciles à trouver dans toutes les épiceries, leurs produits gagnent à être découverts. On peut en savoir plus en consultant le www.canardsdulacbrome.com. Ce site inclut plusieurs recettes ainsi que de pratiques conseils de cuisson. Leur lieu d'élevage peut par ailleurs être visité et une boutique gourmande offre sur place une dégustation chaque samedi.

Le festival Canard en fête à Lac-Brome propose quant à lui un grand nombre d'activités familiales, dont plusieurs concernent le canard et sa consommation, et a lieu chaque automne à Knowlton, dans les Cantons-de-l'Est. On peut en apprendre davantage au www.canardenfete.com.

L'agneau de Charlevoix

Que ceux et celles qui gardent un souvenir plus ou moins emballant de l'agneau se rassurent immédiatement : l'agneau élevé aujourd'hui, et plus spécialement celui de Charlevoix, possède une saveur beaucoup plus raffinée et une texture plus tendre et agréable qu'auparavant. L'agneau est donc une viande à redécouvrir !

L'agneau de Charlevoix, qu'on savait savoureux depuis longtemps, a récemment gagné ses lettres de noblesse : en 2007, il s'est vu décerner la mention « appellation contrôlée », ce qui en certifie la qualité et, surtout, qui implique que l'agneau élevé dans cette région du Québec possède une saveur unique due au terroir et au travail des éleveurs.

La demande pour cet agneau, élevé aux petits soins, est d'ailleurs en forte hausse. D'ailleurs, comment pourrait-il en être autrement quand cette viande convainc même les plus sceptiques ?

Comme toutes les viandes, l'agneau peut être cuisiné d'une multitude de façons ; toutefois, comme il fait souvent moins partie de notre alimentation que le bœuf ou le poulet, on ose moins « essayer ». Pourtant, l'agneau est savoureux sous toutes ses formes, qu'on le cuisine grillé, en carpaccio ou, pourquoi pas, dans une fondue chinoise !

POUR EN SAVOIR PLUS

La demande pour l'agneau est en forte croissance, certes, mais les producteurs tiennent à ce que ce soit aux gens de la région de Charlevoix que profite le commerce de cette viande et non pas aux grandes surfaces ou aux revendeurs ; ainsi, même si la demande locale est variable, c'est directement chez les éleveurs qu'il faut s'approvisionner, qu'on soit restaurateur ou particulier.

La ferme Éboulmontaise (http://fermeeboulmontaise.com) est l'une des principales de la région. Elle permet aux touristes d'ici et d'ailleurs de visiter sa bergerie et les environs de la ferme. On peut également acheter sur place de la viande d'agneau.

Chapitre 9
Les dix produits
alcoolisés à déguster

I l y a encore une trentaine d'années, alors que les premiers viticulteurs québécois de notre siècle plantaient leurs vignes, on entendait partout qu'il fallait être fou pour cultiver le raisin sous un climat aussi rigoureux que le nôtre. Pourtant, nous n'en étions pas à nos premières tentatives, puisque les colons de la Nouvelle-France cultivaient déjà la vigne pour leur propre consommation et pour répondre à la demande du clergé en vin de messe. C'est la conquête britannique qui sonna le glas de la production viticole en Nouvelle-France : la politique commerciale anglaise limitant le commerce extérieur et favorisant les échanges intérieurs dans l'empire, la production locale de vins et d'alcools fut découragée au profit de l'importation d'alcools anglais (gin, whisky).

Pour notre plus grand plaisir, à la fin des années 1970, avec le développement de nouveaux cépages et de techniques de culture adaptées à notre climat, un nouveau chapitre s'est ouvert dans l'histoire viticole au Québec. Nos nouveaux pionniers en ont heureusement entraîné d'autres dans leur sillage et ont créé de nombreuses boissons alcoolisées de qualité : apéritifs, digestifs, vins de glace, cidres, bières, etc.

C'est non seulement à la découverte de ces produits originaux que nous vous convions, mais aussi à la rencontre des pionniers qui les ont développés.

Le 1535
Vignoble Isle de Bacchus

Le nom de ce vignoble est directement inspiré de l'histoire de l'île d'Orléans. En effet, dès son premier voyage sur le Saint-Laurent en 1535, Jacques Cartier remarqua la terre qu'on connaît aujourd'hui comme étant l'île d'Orléans et la nomma «isle de Bacchus» pour souligner la présence des très nombreuses vignes sauvages de type *riparia*.

C'était donc sans aucun doute un endroit propice pour cultiver le raisin... Et c'est ce que firent Donald Bouchard et Lise Roy en y plantant leurs premières vignes en 1982. Grâce à une situation géographique favorable, le vignoble bénéficie d'un microclimat propice à la bonne maturation du raisin, ce qui donne des vins d'une grande qualité.

Les installations sont très modernes, avec des cuves en inox, des pompes et un système de filtration des plus performants, mais malgré cette modernité, une visite du vignoble vous plongera dans un univers d'une autre époque. Le caveau de dégustation installé dans l'ancienne cuisine, dans le sous-sol de la maison, ressemble à ceux des châteaux français avec leurs murs de pierre. Sur le site même, la Maison du Vignoble (gîte classé quatre soleils) vous accueille dans une demeure répertoriée au patrimoine culturel de l'île d'Orléans.

Allez visiter ce beau coin de pays et revivez l'histoire de la viticulture du Québec. Des gens d'une grande hospitalité et amoureux de l'histoire et du patrimoine du Québec vous y attendent.

Le 1535 est un vin blanc issu d'un assemblage de trois cépages adaptés à la rigueur de notre climat, soit le Vandal, l'Eona et le Geisenheim. Sa robe est jaune paille, et ses parfums rappellent la compote de pommes à laquelle s'ajoute une note de pain grillé. Lauréat aux sélections 2000 dans la catégorie des vins blancs secs québécois, il démontre une belle fraîcheur et une persistance moyennement longue en bouche. Il accompagnera magnifiquement le poisson grillé légèrement citronné ou une escalope de veau aux herbes et aux champignons.

Température de service : 12 °C ou 13 °C

Code du produit SAQ : 10231072

Pour en savoir plus :

♦ Vignoble Isle de Bacchus
    1071, chemin Royal
    Saint-Pierre-de-l'Île-d'Orléans (Québec) G0A 4E0
    Tél. : 418 828-9562
    Courriel : isledebacchus@sympatico.ca
    www.isledebacchus.com

L'Orpailleur rouge
Vignoble de l'Orpailleur

Au début des années 1980, faire du vin au Québec n'était pas aussi évident qu'il n'y paraît aujourd'hui. Hervé Durand, Charles-Henri de Coussergues et Frank Furtado, fondateurs du vignoble de l'Orpailleur, ont grandement contribué à l'essor de la viticulture au Québec en développant des méthodes de culture adaptées à son climat.

Pour souligner la première cuvée du vignoble en 1985, Gilles Vigneault a écrit un poème intitulé *L'Orpailleur*. C'est d'ailleurs de ce poème que le vignoble tire son nom. Depuis, de nombreux produits y ont été développés, dont plusieurs ont reçu des prix lors de concours internationaux.

Tenir le pari de faire un bon rouge sous notre climat n'était pas facile, mais l'Orpailleur a sans nul doute su relever le défi !

Lors de votre visite, non seulement vous aurez le plaisir de vous promener dans le vignoble, mais vous pourrez aussi vous familiariser avec la culture et la production du vin à travers les âges en visitant l'économusée de la vigne et du vin.

L'Orpailleur rouge a une robe d'un beau renat intense et un nez puissant où dominent les petits fruits. En bouche, on retrouve les mêmes petits fruits, avec une bonne acidité. Essayez-le avec de la volaille, du saumon grillé ou encore accompagné d'une salade au fromage.

Température de service : 14 °C à 16 °C
Code du produit SAQ : 0074355

POUR EN SAVOIR PLUS :

♦ Vignoble de l'Orpailleur
1086, rue Bruce
Dunham (Québec) J0E 1M0
Tél. : 450 295-2763
Courriel : info@orpailleur.ca
www.orpailleur.ca

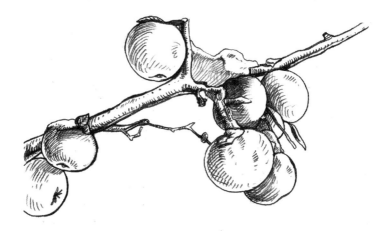

Dégel, cidre tranquille
La Face cachée de la pomme

Bien qu'elle fût de très courte durée, la prohibition de 1919-1920 a durement éprouvé la production de cidre au Québec. En 1920, en effet, lorsque l'on mit fin à la prohibition en créant la Commission des liqueurs, un regrettable oubli législatif laissa le noble produit de côté. Ainsi, de 1919 à 1970, il était illégal de vendre du cidre au Québec et il aura fallu tout de même attendre encore de nombreuses années avant de voir apparaître sur le marché des produits de qualité, puisque ce n'est qu'en 1988 que la Régie des alcools, des courses et des jeux du Québec a délivré ses premiers permis de production artisanale.

Les cidres artisanaux du Québec n'ont rien à envier aux meilleurs cidres, mais le produit phare de la production québécoise est sans conteste le cidre de glace. Ce produit délicat et raffiné est le joyau de notre production cidricole et démontre qu'il est possible de tirer le meilleur profit des particularités de notre climat, puisqu'il est fabriqué à partir de pommes qu'on laisse geler sur l'arbre avant de les cueillir, ce qui en concentre les sucres et les parfums.

La cidrerie La Face cachée de la pomme est ouverte toute l'année pour des visites guidées des installations et pour la dégustation des cidres. L'architecture des lieux vous éblouira par le mariage du bois et de la pierre où se côtoient l'ancien et le moderne.

Le Dégel, cidre tranquille, est un cidre non effervescent qui s'apparente à un vin blanc. Il est produit à Bromont par La Face cachée de la pomme, cidrerie qui produit aussi le Neige, premier cidre de glace au monde. Le Dégel est issu directement du Neige, puisqu'il est fabriqué à partir de son moût.

Le Dégel est fait de 80 % de pommes McIntosh et de 20 % de Spartan. Sa robe est d'un beau jaune légèrement teinté de vert. Très fruité, on y découvre une agréable odeur de compote de pommes et un soupçon de miel. D'une très grande fraîcheur en bouche, on y goûte des notes de pommes mûres. Persistant longuement en finale, il convient parfaitement à l'apéritif ou aux repas, par exemple, pour accompagner un plat de porc aux pommes…

Température de service : bien froid, 6 °C à 8 °C

Code du produit SAQ : 10661486

Pour en savoir plus :

♦ La Face cachée de la pomme
617, Route 202
Hemmingford (Québec) J0l 1H0
Tél. : 450 247-2899, poste 228
Courriel : info@lafacecachee.com
www.cidredeglace.com/index_fr.html

Michel Jodoin cidre léger rosé mousseux
Cidrerie Michel Jodoin

Michel Jodoin est issu d'une lignée de quatre générations de pomiculteurs. C'est en 1901 que le patriarche, Jean-Baptiste Jodoin, achète un verger d'une centaine de pommiers. Son fils, Ernest Jodoin, hérite du verger familial en 1937 et achète d'autres terres qu'il vendra ultérieurement à ses fils. Seize ans plus tard, Jean Jodoin achète une part du verger, dont il transmettra à son tour, une partie, à son fils Michel Jodoin en 1980.

Au départ, Michel Jodin vend ses pommes dans les marchés, mais il décide rapidement de transformer peu à peu sa récolte en cidre. En 1988, il obtient un permis de fabrication. Il vend 150 bouteilles à sa première cuvée. À cette époque, le cidre a mauvaise réputation : seuls quelques produits de piètre qualité, élaborés industriellement, sont offerts au Québec.

Grâce à sa détermination, il parvient tout de même à s'imposer et joue un rôle de premier plan dans le développement des cidres artisanaux. Il a su attirer des milliers de touristes à sa propriété et ses produits ont remporté de nombreux prix, médailles et honneurs, ce qui a finalement fait de la cidrerie Michel Jodoin l'une des plus connues et des mieux équipées au Québec.

Fort de ses succès, en 1999, après des séjours de perfectionnement en Bretagne, en Normandie et à Épernay, dans la région champenoise, il obtient un permis de distillateur et commence à fabriquer trois spiritueux uniques à base de pommes.

La cidrerie est ouverte toute l'année, sept jours sur sept, pour la dégustation et la visite. Une terrasse est aussi mise à la disposition des visiteurs qui souhaitent pique-niquer.

Michel Jodoin cidre léger, rosé et mousseux est élaboré selon la méthode traditionnelle champenoise à partir de la pomme Geneva, une pomme à chair rouge. Ainsi, avant la mise en bouteilles, ce vin subit un long vieillissement de deux ans sur ses lies (le dépôt qui se forme dans les liquides fermentés).

Michel Jodoin peut être fier de son produit qui a de quoi faire envier des meilleures cidreries normandes!

Il s'agit d'un cidre mousseux qui séduit par sa teinte rose pêche et ses bulles fines et persistantes qui procurent un pur bonheur en bouche. Son nez assez puissant dégage des parfums dominants de pomme fraîche et de fleurs séchées. Excellent à l'apéritif et parfait compagnon pour les brunchs, il accompagne à merveille les terrines, le foie gras et les entrées.

Température de service : bien froid, 5 °C à 7 °C

Code du produit SAQ : 733394

POUR EN SAVOIR PLUS :

♦ Cidrerie Michel Jodoin
1130, la Petite-Caroline
Rougemont (Québec) J0L 1M0
Tél. : 514 469-2676
Courriel : info@cidrerie-michel-jodoin.qc.ca
www.cidrerie-michel-jodoin.qc.ca

Le Pacômois
Domaine du Pacômois

Dans le magnifique village de Saint-Pacôme, duquel on peut embrasser d'un seul regard la région de Kamouraska, le majestueux Saint-Laurent et, par temps clair, la région de Charlevoix, se trouve le domaine du Pacômois. On y cultive prunes, framboises et bleuets avec lesquels sont élaborés des vins de fruits artisanaux.

Bien que le vin de framboises soit une tradition presque perdue, nos ancêtres en ayant trop souvent emporté le secret dans leur tombe, Véronique Gagné a heureusement su garder, de ses souvenirs de petite fille, les gestes de sa grand-mère pour faire naître le Pacômois. Madame Gagné est malheureusement décédée en 2004, mais la relève est bien assurée.

On peut visiter le domaine et y faire une dégustation gratuite. Il s'agit là d'un bon prétexte pour aussi visiter le village de Saint-Pacôme, qui fait partie de l'Association des plus beaux villages du Québec.

La robe du Pacômois est d'un beau cerise. Il a un nez très fruité et en bouche, il est à la fois sec et fruité, avec un goût de framboise très affirmé. Essayez-le à l'apéritif, en entrée avec un bon saumon fumé ou encore avec une volaille accompagnée d'une sauce aux framboises. Au dessert, il accompagne avec bonheur la salade de fruits.

Température de service : 10 °C à 12 °C.

Code du produit SAQ : 381350

POUR EN SAVOIR PLUS :

♦ Domaine du Pacômois
17 et 19, rue du Domaine
Saint-Pacôme (Québec) G0l 3X0
Tél. : 418 852-2159
Courriel : robert.berube@pacomois.com
www.pacomois.com

Réserve Riesling
Domaine Les Brome

Le domaine Les Brome fait face au lac Brome dans la magnifique région des Cantons-de-l'Est. On y cultive près de 62 000 plants de vigne de 12 cépages différents, ce qui permet une production très diversifiée. L'amateur y trouvera son compte puisqu'on y élabore des rouges, des blancs, des rosés ainsi que des vins de vendanges tardives et des vins de glace.

Sur place, vous serez enchanté par la beauté du site et vous pourrez faire une visite des chais lors de laquelle vous découvrirez toutes les étapes menant à la fabrication des vins, que vous pourrez également déguster sur place.

Ce vin n'est pas disponible à la SAQ, mais on peut le trouver au vignoble, au Marché des saveurs (marché Jean-Talon, Montréal), au Comptoir du terroir (marché du Vieux-Port, Québec) et au Gourmet des Cantons (Sherbrooke). On peut aussi le commander par Internet sur le site du producteur.

Le Réserve Riesling est élaboré à partir de raisin riesling, un cépage ancien cultivé en Allemagne et en Alsace et bien adapté à notre climat, notamment parce qu'il résiste bien au gel. Le Réserve Riesling du domaine Les Brome, élevé en barrique pendant 16 mois avant sa mise en bouteilles, se caractérise par son beau jaune doré. Très élégant et harmonieux, il possède toutes les qualités des bons rieslings avec des arômes de fruits et une belle acidité. L'équilibre et l'harmonie en bouteille !

Température de service : 12 °C

POUR EN SAVOIR PLUS :

♦ Domaine Les Brome
285, chemin de Brome
Lac-Brome (Québec) J0E 1S0
Tél. : 450 242-2665
Courriel : www.domainelesbrome.com

Le Monde Les Bulles (vin mousseux blanc)
Le vignoble Rivière du Chêne

Dans la belle région des Basses-Laurentides, à Saint-Eustache, plus de 60 000 plants de vigne sont cultivés par des passionnés sur une terre de 18 hectares. On y produit du blanc, du rouge, du rosé, du vin de glace, du vin fortifié à l'érable et un remarquable mousseux, donc une belle diversité de produits de qualité à partir de cépages hybrides bien adaptés à notre climat.

Le visiteur pourra déguster les vins à la boutique et faire une visite guidée du vignoble, ouvert toute l'année de 10 h à 17 h. En automne, il est possible de faire les vendanges en réservant sa place.

Le Monde Les Bulles est produit selon la méthode champenoise. Ses bulles sont donc le fruit d'une lente fermentation, d'abord en cuve, puis en bouteille. Ainsi, au terme de la deuxième fermentation, on ajoute dans chaque bouteille une « liqueur d'expédition », un mélange de vieux vin et de sirop de sucre, pour édulcorer le vin qui possède une acidité naturelle élevée. Cette étape est propre à la méthode champenoise, mais l'originalité du Monde Les Bulles tient au choix du vin de glace comme liqueur d'expédition. Une riche idée !

Ce vin mousseux ravira tous les amateurs de bulles, entre autres par son nez aromatique comportant de très présentes notes de fruits mûrs. Frais et original, il a obtenu la médaille Grand or dans la catégorie mousseux du concours les Grands vins du Québec organisé par l'Association des vignerons du Québec. On le servira avec bonheur à l'apéritif ou encore au dessert.

Ce produit n'est pas disponible à la SAQ, mais on peut le trouver au Marché des saveurs (marché Jean-Talon, Montréal) et au Comptoir du terroir (marché du Vieux-Port, Québec).

Température de service : 7 °C à 8 °C

POUR EN SAVOIR PLUS :

♦ Vignoble la Rivière du Chêne
807, chemin de la Rivière Nord
Saint-Eustache (Québec) J7R 4K3
Tél. : 450 491-3997
Courriel : vignobleriviereduchene@videotron.ca
http://vignobleriviereduchene.ca

Val ambré Domaine Acer

Le domaine Acer a su mettre à profit l'un de nos produits du terroir les plus célèbres : la sève d'érable. C'est bien connu, on peut faire de l'alcool avec tout ce qui fermente ; or, la sève d'érable contient du sucre et le sucre favorise la fermentation...

Située dans la région du Témiscouata, à Auclair, l'érablière compte près de 11 500 entailles et offre 4 apéritifs ou «acéritifs» (*acer* signifie érable en latin) ainsi que des produits de l'érable de grande qualité.

Le domaine faisant partie du réseau des économusées, il est possible de visiter les caves en compagnie d'un guide en juillet et en août de 9 h à 16 h. Le reste de l'année, la boutique et la dégustation des produits du domaine restent ouvertes aux visiteurs.

Le Val ambré est un vin muté qui a une parenté avec le pineau des Charentes. Très équilibré, il se boit à l'apéritif, très frais, et accompagne agréablement le foie gras. Très plaisant à cuisiner, il peut entrer dans la préparation de nombreux plats, notamment des sauces.

Les produits du domaine Acer sont en vente au Marché des saveurs (marché Jean-Talon, Montréal) et au domaine.

Température de service : très frais, 6 °C

POUR EN SAVOIR PLUS :

♦ Domaine Acer
145, rue du Vieux-Moulin
Auclair (Québec) G0L 1A0
Tél. : 418 899-2825
Courriel : robert.vallier@domaineacer.com
www.domaineacer.com

L'Orpailleur, vin de glace
Vignoble de l'Orpailleur

L'Orpailleur fait figure de pionnier dans le monde du vin au Québec. Les propriétaires du célèbre vignoble ont grandement participé au développement de cépages et de méthodes de culture adaptés à notre climat. S'il a fallu déployer beaucoup d'inventivité pour protéger la vigne des assauts du gel, il est pourtant des vins qui bénéficient de la morsure du froid : les vins de glace.

À l'instar du cidre de glace, le vin de glace est un vin de vendange tardive, et plus précisément de vendange hivernale, puisque les raisins sont pressés au mois de janvier alors qu'ils sont gelés. La surmaturation et le gel déshydratent les raisins et en concentrent les sucres et les arômes, ce qui confère aux vins de glace des arômes complexes et une saveur inimitable.

Le vignoble de l'Orpailleur a beaucoup à offrir à ses visiteurs. Outre la visite du vignoble et de l'économusée de la vigne et du vin, vous pourrez y passer une journée en plein air dans un cadre enchanteur, et pourquoi pas y faire un pique-nique dans l'aire spécialement aménagée à cette fin. Pour finir la journée en beauté, le restaurant le Tire-bouchon vous fera découvrir des plats raffinés et élégants.

L'Orpailleur, vin de glace, a une robe d'un beau jaune or et des arômes de fruits et de miel. Très long en bouche, à la fois doux et frais, il se déguste seul ou en entrée avec le foie gras. En fin de repas, il accompagne agréablement les fromages à pâte persillée.

Température de service : 10 °C à 12 °C

Code du produit SAQ : 10220269

POUR EN SAVOIR PLUS :

♦ Vignoble de l'Orpailleur
1086, rue Bruce
Dunham (Québec) J0E 1M0
Tél. : 450 295-2763
Courriel : info@orpailleur.ca
www.orpailleur.ca

Réserve St-Jacques
Domaine St-Jacques

Le domaine St-Jacques se trouve en Montérégie, non loin du fleuve Saint-Laurent, de la rivière Richelieu et du lac Champlain. Cette situation géographique est très favorable à la culture de la vigne, puisque la région bénéficie d'un microclimat plus chaud dû à la proximité de l'eau.

Les propriétaires du vignoble, Nicole du Temple et Yvan Quirion, rêvaient depuis longtemps de devenir vignerons. Ils en ont rêvé jusqu'à ce qu'ils fassent l'acquisition du vignoble, à Saint-Jacques-le-Mineur près de Napierville, en 2000. Avec l'aide de Luc Rolland, détenteur d'une formation et d'une expertise en vinification acquise à Bordeaux, la première cuvée a vu le jour en 2007.

Au cœur de la Montérégie, mais à 20 minutes seulement du pont Champlain, le vignoble vous enchantera. Faites-en la visite, dégustez les vins à la boutique et profitez-en pour faire un pique-nique. Sur réservation, il est aussi possible de faire les vendanges.

Le Réserve St-Jacques provient d'un assemblage de plusieurs cépages adaptés à notre climat. Vieilli en fût de chêne pendant neuf mois, il est relativement puissant et possède un arôme très fruité rappelant la mûre et la cerise noire et des notes boisées. Ce vin aux tanins bien présents accompagnera avec bonheur les viandes rouges et les gibiers.

Le Réserve de St-Jacques a été récompensé par la médaille d'or des Grands vins du Québec 2008.

Ce vin est en vente à la propriété et au Marché des saveurs (marché Jean-Talon, Montréal).

Température de service : 14 °C à 16 °C

Pour en savoir plus :

♦ Vignoble du Domaine Saint-Jacques
615, route Édouard-VII
Saint-Jacques le Mineur (Québec) J0J 1Z0
Tél. : 450 346-1620
Courriel : info@domainest-jacques.com
www.domainest-jacques.com

Chapitre 10

Les dix **activités hivernales**

u Québec, nous avons la chance (ou le malheur, selon le point de vue) d'avoir un hiver long, blanc et froid. Bien sûr, certaines années, l'hiver est plus doux, plutôt court, trop long, vraiment trop froid, trop enneigé ou pas assez. Mais une chose est sûre : pour réellement apprécier l'hiver, il faut sortir, bouger, faire des activités spéciales et propres à cette période de l'année pour apprivoiser cette longue saison et apprendre à l'attendre impatiemment (ou presque). Et qui sait, on finira peut-être même par la trouver trop courte !

Dans ce chapitre, nous vous proposons 10 activités hivernales, à faire en famille, en couple ou entre amis, qui vous permettront d'avoir de magnifiques souvenirs malgré le froid et la neige. La plupart de ces activités s'adressent à tout un chacun, mais certaines, comme l'escalade sur glace ou le moment détente au spa, sont destinées aux adultes et aux adolescents seulement.

Une promenade en raquette au clair de lune, une randonnée à cheval, du ski de piste dans le décor époustouflant du Massif, une partie de pêche aux petits poissons des chenaux, une visite voire une nuit à l'Hôtel de Glace ou une nuit en yourte après une belle randonnée en nature, voilà quelques-unes des activités que nous vous proposons.

Vous verrez qu'il suffit de vêtements chauds, d'un peu de bonne volonté et d'activités passionnantes pour faire de l'hiver sa saison préférée.

Les traîneaux à chiens

Une randonnée en traîneau à chiens propulsera tous ceux qui se sont plongés avec passion dans les textes de Jack London ou d'Yves Thériault, narrant le Grand Nord, ses contrées sauvages et sa faune indomptable, sur les traces des héros de ces romans. En effet, se retrouver à courir derrière cinq, six, voire sept chiens, plus beaux et impressionnants les uns que les autres, à mener l'équipage et à pousser le traîneau sur lequel est assis son conjoint ou son enfant est vraiment une expérience grisante. On s'imagine dans le Grand Nord, explorateur d'un autre temps sur le point de croiser des Inuits ou des trappeurs revenant de la chasse. Et pourtant, pas besoin d'aller si loin. Aux quatre coins du Québec, du Saguenay aux Laurentides, de la Rive-Sud de Québec à la Gaspésie, dans Lanaudière ou ailleurs encore, les chenils et entreprises offrant des sorties en traîneaux à chiens ne manquent pas. Alors, pourquoi ne pas tenter l'aventure?

Que ce soit une balade d'initiation de quelques heures, une randonnée d'une journée ou une expédition de plusieurs jours, cette activité vous fera vivre une expérience hors du commun, où vous serez en harmonie avec la nature environnante, suivant le rythme des huskies, malamutes, samoyèdes, groenlandais ou autres chiens nordiques. Le crissement des patins du traîneau, le halètement des chiens, les bruits de la nature et votre propre souffle vous feront oublier, l'espace de quelques heures, les sons de la ville.

Il est suggéré d'arriver un peu à l'avance afin de prendre le temps de rencontrer les chiens. Cela permettra aux enfants craintifs de se familiariser avec ces grosses bêtes qui, avant le départ, sont plutôt bruyantes et «aboyantes». Faire le tour du chenil, apprendre le nom des chiens, les caresser si cela est possible, toutes ces petites attentions donneront confiance aux enfants – et aux adultes – un peu réticents à côtoyer ces chiens nordiques.

Dans la plupart des forfaits, une collation est prévue à la fin de l'activité. C'est généralement le moment où les enfants vous demandent, voire vous supplient, de ramener une de ces belles «petites» bêtes à la maison, alors préparez vos arguments si vous ne voulez pas céder malgré vous devant leurs adorables minois – celui de vos enfants comme celui des chiens!

Skier au Massif

À 75 km à l'est de Québec et à 20 km à l'ouest de Baie-Saint-Paul, dans la magnifique région de Charlevoix, se cache un petit bijou de centre de ski : le Massif de Petite-Rivière-Saint-François. Avec le plus haut dénivelé à l'est des Rocheuses (soit 770 m) et des conditions d'enneigement naturel exceptionnelles (environ 600 cm par année) complétées par de l'enneigement artificiel, le Massif est l'endroit par excellence pour s'offrir une journée de ski inoubliable. Du sommet à la base, on skie face au fleuve Saint-Laurent, devant un panorama à vous couper le souffle. On a d'ailleurs parfois l'impression qu'on finira sa descente les pieds dans l'eau, mais n'ayez crainte, cela est impossible puisque au pied de la montagne se trouvent le chalet et un grand stationnement.

Près de 50 pistes sont à découvrir. Des pistes faciles à descendre en famille et pour débutants, aux pistes extrêmement difficiles, en passant par des bosses, des pistes à pic, des pistes larges et des sous-bois enneigés, tout skieur trouvera son bonheur au Massif. Certaines pistes non damées feront d'ailleurs le bonheur des amateurs de poudreuse.

Une école de glisse offre sur place des cours particuliers ou de groupe aux petits comme aux grands. Une halte-garderie permet également aux parents de skier en toute confiance pendant que leurs enfants s'amusent en bonne compagnie, et si certains membres de la famille ne sont pas amateurs de ski de piste, des sentiers de raquette ou de ski de fond parsèment la région.

Outre les activités sportives, la station compte deux chalets, l'un à la base et l'autre au sommet, tous deux dotés d'une cafétéria où l'on sert une cuisine santé, équilibrée et de qualité, parfaite pour les sportifs, sans la friture ou les boissons à haute teneur en sucre que l'on trouve habituellement dans les cafétérias. Pour les fins gourmets, le restaurant Mer et Monts offre des repas, trois services, dont vous vous souviendrez. Finalement, en fin de journée, vous aurez peut-être envie de prendre un verre au pub, qui ne manque pas d'animation.

Comme le Massif est situé non loin de Québec, près de la côte de Beaupré où se trouve le mont Sainte-Anne et au cœur de Charlevoix, les possibilités d'hébergement sont multiples et il y en a pour tous les budgets. Du motel au gîte du passant, de l'hôtel une étoile à l'hôtel cinq étoiles, de l'auberge au chalet de luxe, il existe de nombreux forfaits ski-hébergement. Les attraits touristiques et les bonnes tables ne manquent pas et compléteront magnifiquement votre séjour.

Soulignons finalement qu'étant donné que le Massif fait partie de la réserve mondiale de la biosphère de Charlevoix, tout le site est développé dans le respect de la nature environnante, ce qui mérite d'être mentionné.

La pêche aux petits poissons
des chenaux

Chaque hiver, à Sainte-Anne-de-la-Pérade, la rivière Sainte-Anne, une fois gelée, se transforme en village de pêcheurs. Partout sur la glace émergent des centaines de cabanes dans lesquelles les amateurs de pêche viennent tirer la ligne malgré le froid et la neige. Il s'agit de la fameuse pêche aux petits poissons des chenaux, une activité familiale qui plaira aux enfants comme aux grands, et qui vous permettra de vous remplir la panse.

À l'abri des intempéries dans une petite cabane chauffée, assis bien confortablement devant un trou fait à même la glace, les pêcheurs taquinent le poisson. Le poulamon atlantique, plus communément appelé le «p'tit poisson des chenaux», est celui que l'on vient pêcher. En effet, chaque année entre décembre et février, cette espèce de poisson vient frayer en amont de la rivière Sainte-Anne. C'est justement à cette période que la pêche blanche est ouverte, soit du 26 décembre et au 15 février.

Ce type de pêche ne demande pas beaucoup d'habileté, ce qui en fait l'activité familiale par excellence. À la location d'une petite cabane, on vous donnera quelques instructions, puis on vous remettra les appâts (foie de porc ou crevettes). Ensuite, ce sera à vous de jouer!

Outre la pêche, sur le site même, on peut patiner, glisser, faire des tours de carrioles ou visiter le centre d'interprétation du poulamon. De plus, si par malheur vous reveniez bredouille de votre pêche, sachez qu'il est possible d'acheter du poisson sur place.

Les coûts sont de 20 $ à 25 $ par adulte (dès 12 ans) et de 10 $ par enfant de plus de 6 ans. Pour s'y rendre, il faut prendre l'autoroute 40 jusqu'à la sortie 236 pour Sainte-Anne-de-la-Pérade. Ensuite, vous n'aurez aucune difficulté à découvrir ce site original.

Le spa hivernal

Quel singulier bonheur que de se retrouver plongé dans un bassin d'eau chaude en pleine nature, avec une belle petite neige qui tombe lentement, rendant le moment féerique. Une sortie au spa en famille pour se détendre et se changer les idées, surtout en hiver, est une expérience que vous voudrez sans doute renouveler.

Inspirés de la tradition scandinave, les services de thermo-thérapie offerts par les différents spas du Québec sont généralement assez semblables, seul le décor change. Pour une véritable détente, il faut compter de deux à quatre heures, pendant lesquelles on alterne entre le chaud et le froid. On commence par se réchauffer 10 à 15 minutes dans un sauna ou au hammam (bains de vapeur à l'orientale), puis on se jette quelques minutes dans le froid : neige, rivière, douche ou bain froid, selon le spa où vous vous trouvez. On se remet ensuite de ses émotions et le corps récupère en se détendant un petit quart d'heure dans une aire de repos calme et chauffée.

Les bains nordiques offrent de nombreux bienfaits au corps : ils nettoient la peau, la tonifient, la rendent plus élastique tout en lui redonnant de la fermeté, améliorent la circulation sanguine, favorisent la détente et le sommeil et procurent un véritable bien-être.

Il existe des spas un peu partout au Québec. Certains se trouvent en pleine ville, d'autres sont perdus en montagne, d'autres encore font partie de complexes hôteliers. Il y en a pour tous les goûts.

Les tarifs pour l'accès aux bains varient entre 30 et 40 $ et de nombreux forfaits offrent en plus des bains, un repas santé et un massage. Avant de choisir votre centre de détente, vérifiez que les enfants y sont acceptés, car la plupart sont réservés aux adultes ou aux jeunes de 16 ans et plus. Sachez aussi que même là où les enfants sont admis, on attend d'eux qu'ils soient sages comme des images puisque les clients sont là pour se détendre. Alors, afin de vivre une expérience agréable où vous n'aurez pas peur de déranger les autres, nous vous suggérons d'aller au spa avec des enfants relativement âgés (10 ans et plus).

L'Hôtel de Glace

Décor féerique qui ravira même ceux qui ont l'hiver en horreur, l'Hôtel de Glace est devenu un attrait touristique à ne pas manquer. Situé à la Station touristique Duchesnay, à Sainte-Catherine-de-la-Jacques-Cartier, soit à une demi-heure à l'ouest du centre-ville de Québec, l'Hôtel de Glace semble tout droit sorti d'un conte pour enfants. Conçu entièrement de glace et de neige, ce concept hôtelier éphémère est complètement recréé chaque année, et ce, depuis 2001. À mi-chemin entre l'igloo et le château de princesse, sa visite vaut vraiment le détour.

Unique hôtel du genre en Amérique (il en existe en Suède, où ce concept est né dans les années 1990, en Finlande, en Norvège et en Roumanie), ce complexe hôtelier comprend 36 chambres et suites thématiques, une chapelle où sont célébrés des mariages, le Bar de Glace et un magnifique hall d'entrée. Le Festival arts et vie nordiques, qui marie sculptures sur glace, peinture et architecture, permet chaque année de décorer l'intérieur de l'hôtel.

L'hôtel est ouvert au public du début janvier à la fin mars. On peut passer une journée en famille sur le site de l'Hôtel de Glace ou, pour les plus aventuriers, une nuit magique au pays des rêves blancs. Dans la chambre, la température ambiante se situe entre - 3 ° et - 5 °C. La base du lit est un bloc de glace sur lequel sont déposés un sommier de bois et un matelas. Un sac de couchage conçu pour les températures nordiques est amené dans la chambre à la nuit tombée. Vous pourrez vous y réfugier et oublier le froid qui sévit. Les soupers et les déjeuners sont offerts à l'auberge Duchesnay, adjacente à l'hôtel.

Étant donné que l'hôtel est situé à la Station touristique Duchesnay, de nombreuses activités vous sont proposées (raquette, ski de fond, patin, traîneau à chiens, spa nordique, etc.), et puisque Québec n'est qu'à une trentaine de minutes en voiture, il est facile d'accéder à de nombreuses activités culturelles et culinaires. Une chose est sûre : cet hôtel ne vous laissera pas de glace !

Pour la visite de l'hôtel, il faut compter environ 40 $ par famille, alors que pour une nuitée, toujours en famille, les tarifs commencent à 379 $.

La raquette au mont Mégantic

La province de Québec regorge de parcs et de sentiers où se balader à pied, en ski ou en raquette. Pour les familles, la raquette est une activité facile qui demande un minimum d'équipement et qui procurera des heures de plaisir. Si certains préfèrent toujours les raquettes traditionnelles tressées de babiche sur une structure en bois, il existe cependant aujourd'hui une multitude de raquettes, faites de plastique ou d'aluminium et équipées de crampons, plus légères et aussi maniables les unes que les autres, conçues pour différents types de terrains. Ces raquettes actuelles ont des attaches faciles à manipuler et qui ne lâchent pas à tout bout de champ, problème qui était fréquent avec les babiches et qui faisaient rouspéter bien des enfants et souffler les parents. Une fois équipé, vous aurez l'embarras du choix, car les sentiers de raquettes vous attendent en montagne, en forêt, dans des champs, dans des parcs, etc.

Si nous vous suggérons de faire régulièrement des sorties en raquettes en famille, nous vous proposons une activité de raquettes toute particulière dont se souviendront vos enfants : une randonnée nocturne à la lueur des flambeaux au parc national du Mont-Mégantic, dans la magnifique région des Cantons-de-l'Est. La particularité de ce parc est qu'à la base du mont Mégantic se trouve l'ASTROLab, centre dédié à l'astronomie, qui comprend un observatoire ultraperformant et une salle multimédia haute-définition où l'on présente des expositions. Au sommet de la montagne se trouve l'observatoire du mont Mégantic, observatoire populaire rempli de nombreux télescopes et d'autres instruments pour observer le ciel et ses trésors cachés.

Cette randonnée au clair de lune a lieu tous les samedis, de la fin janvier à la fin mars, sur une piste de 5 km éclairée par des flambeaux.

Si vous habitez loin du mont Mégantic, sachez que ces randonnées nocturnes en raquette ont également lieu dans d'autres sites au Québec, par exemple au parc de la Gatineau, à Sainte-Irène-de-Matapédia ou encore à la Station touristique Duchesnay.

Le coût de la randonnée est d'une vingtaine de dollars par famille. Toutefois, nous vous suggérons le forfait comprenant un souper santé préparé par un chef cuisinier suivi, pour digérer, de la randonnée en raquette aux flambeaux. Et, pour clore le tout, d'une soirée d'astronomie à observer les étoiles à l'ASTROLab. Le coût de ce forfait est de 120 $ par famille.

Dormir sous la yourte

Pour se sentir complètement dépaysé, sans même quitter la belle province, rien de tel que de passer une nuit dans une yourte et de s'imaginer être dans la steppe de Mongolie. À même votre sac de couchage, vous pourrez observer le ciel étoilé sans avoir besoin de sortir du confort de la yourte. Sorte de camping d'hiver de luxe, dormir sous la yourte est une expérience dont se souviendront petits et grands.

Les yourtes sont en fait des maisons rondes, facilement démontables, qu'utilisent les peuples nomades d'Asie centrale. Si elles sont rondes, c'est afin de bien résister au vent qui n'a ainsi presque pas de prise sur elles. Une structure faite de plusieurs treillis de bois noués entre eux par une corde de cuir, autour de laquelle sont posés un tissu en feutre et une toile blanche protégeant des intempéries, fait office de mur. Une grosse roue en bois, soutenue par des perches posées sur les treillis, constitue le toit de la yourte, dont on peut rabattre le tissu protecteur pour ainsi ouvrir une fenêtre sur le ciel, par laquelle on observera les étoiles et la Lune.

Contrairement aux yourtes que l'on retrouve en Asie centrale, celles du Québec ont généralement une généreuse fenestration, ce qui les rend très lumineuses. Les yourtes de location comprennent un poêle à bois ou au propane, des lits (à deux étages, futon ou divan-lit, selon les lieux de location), une table et des chaises. Celles louées dans les parcs nationaux du Québec (Sépaq) offrent également un réfrigérateur et de l'électricité.

L'hébergement en yourte est proposé, notamment aux îles de la Madeleine, au parc du Bic, au parc national de Plaisance dans l'Outaouais, à Clermont, dans la vallée de la Jacques-Cartier ou dans la vallée Bras-du-Nord. Il faut généralement compter une centaine de dollars plus les taxes (et parfois l'accès au parc) pour un maximum de quatre personnes par yourte.

Si le camping d'hiver vous rebute un peu par son manque de confort ou que l'idée d'une nuit dans un igloo vous laisse de glace, sachez que la nuitée en yourte, à mi-chemin entre l'hôtel et le camping, saura vous faire apprécier votre escapade hivernale, et parions que votre nuit de sommeil sera des plus réparatrice !

L'escalade sur glace

À travers la province de Québec foisonnent de magnifiques chutes d'eau, dont plusieurs, une fois l'hiver venu, deviennent le terrain de jeux des amateurs d'escalade sur glace. Lorsque les chutes d'eau glacées côtoient roches et falaises, on parle alors d'escalade mixte (puisqu'on y passe de la glace aux roches). Ce sport, que l'on peut qualifier de sport extrême et de dangereux, peut donc être pratiqué à plusieurs endroits. Certains adeptes et clubs d'escalade, notamment en ville, créent même leur propre mur de glace qu'ils arrosent et entretiennent tout l'hiver.

Cette pratique sportive, qui existe depuis les années 1960, s'est énormément développée au Québec dernièrement. D'ailleurs, deux événements de taille sont désormais à l'agenda des grimpeurs québécois : la Coupe du Québec et la compétition internationale Festiglace.

Avant de se lancer à l'assaut de n'importe quelle cascade, il faut d'abord s'initier à l'ascension sur glace et pour ce faire, il existe quelques écoles où l'on vous apprendra les rudiments de l'escalade et où vous pourrez développer votre talent pour ce sport d'aventure. En Gaspésie, au mont Tremblant, au parc de la Chute-Montmorency et à Rivière-du-Loup, entre autres, vous trouverez des forfaits d'initiation ou de perfectionnement à l'escalade de glace dans des sites naturels. Il faut compter en général une demi-journée à une journée complète d'initiation. Tout le matériel nécessaire vous sera fourni : casque, cordes, harnais, crampons, mousqueton et piolets. Vous n'aurez qu'à chausser des bottes de ski ou d'escalade, que vous pourrez généralement louer sur place si vous n'en possédez pas. Il est conseillé de vous habiller chaudement de la tête aux pieds, d'avoir des gants ou des mitaines de rechange, des lunettes de soleil, votre dîner ainsi qu'une collation. Vous serez alors paré pour la grande aventure !

Compte tenu du fait qu'il s'agit d'un sport extrême, l'escalade sur glace est une belle activité pour les familles comprenant des adolescents. Les cours d'initiation s'adressent aux jeunes à partir de 12 ans, voire 14 ans, selon les endroits. Il faut compter environ 100 $ par adulte pour la journée d'initiation, et de 70 à 80 $ par jeune.

La balade équestre hivernale

Si certains disent que le chien est le meilleur ami de l'homme, d'autres pensent qu'il s'agit plutôt du cheval, cette noble bête qui aide aux travaux comme au transport et que nombre d'enfants rêvent de posséder un jour.

Un peu partout au Québec, des ranchs et des centres équestres proposent des randonnées extérieures et des balades en forêt, été comme hiver. Voilà encore une fois une belle activité familiale qui vous fera apprécier la magie de la saison blanche. Perché sur le dos de votre monture au poil d'hiver, vous découvrirez la beauté des paysages enneigés. Au pas, au trot ou galop, à la queue leu leu, avec le corps des chevaux fumant dans l'air froid, vous pourrez apprécier le silence de la nature et la féerie du décor. Pour une balade d'une heure, de deux heures ou d'une journée, laissez-vous porter au rythme de votre cheval.

Aucun équipement particulier n'est nécessaire : simplement, habillez-vous chaudement, enfilez des bottes d'hiver sur des chaussettes bien chaudes, une bonne tuque et des gants et vous voilà fin prêt pour une belle expédition.

Nous vous suggérons d'arriver un peu en avance afin de familiariser les enfants (et certains adultes, il est vrai) avec ces grosses bêtes que sont les chevaux. Même s'ils rêvent depuis longtemps de monter à cheval, certains enfants pourront être impressionnés par la taille de leur monture et ne plus vouloir participer à l'activité. En arrivant plus tôt, vous aurez le temps de flatter les chevaux, de faire connaissance avec vos montures et peut-être même, selon les ranchs, de les brosser, de les seller et de les harnacher. À la fin de la balade, prenez le temps de caresser les chevaux et de laisser vos enfants leur faire des mamours.

Il faut compter environ 25 $ par personne pour une randonnée d'une heure.

Patiner dans le labyrinthe
de la Forêt Perdue

Entre les villes de Trois-Rivières et de Shawinigan, à Notre-Dame-du-Mont-Carmel, se cache un endroit qui gagne à être connu : le Domaine de la Forêt Perdue. Même si l'on peut s'y rendre en été, nous vous convions à le découvrir en hiver. En effet, doté de plus de 10 km de sentiers glacés formant un véritable labyrinthe fait de boucles et de méandres, le Domaine de la Forêt Perdue est un endroit enchanteur pour aller patiner en famille. Et s'il y a bien une activité pour laquelle la plupart des familles québécoises sont équipées, c'est sans conteste le patin à glace ! Toutefois, si vous faites partie des rares qui n'en possèdent pas, sachez qu'il y a sur place un service de location et d'affûtage.

On parcourt le labyrinthe à son rythme, en traversant pinède et forêt mixte, s'arrêtant là pour observer les oiseaux, ici pour nourrir des cervidés. Les enfants seront ravis de cette sortie. À ceux qui craignent que leurs enfants ne soient pas capables de patiner toute la distance, le site loue des traîneaux en bois dans lesquels les bambins seront confortablement assis pendant que vous les pousserez.

Après une belle balade sous le couvert des arbres enneigés, vous pourrez pique-niquer dans un lieu chauffé où les enfants se feront une joie de se déchausser. Il est aussi possible d'y dormir, puisqu'on y offre un hébergement de style gîte champêtre ou condos. Finalement, pour terminer la journée en beauté, vous pourrez réserver les services d'un massothérapeute professionnel.

Pour avoir accès au domaine pour la journée, il suffit d'acheter un produit de la ferme par personne (sirop d'érable, bonbons, miel, farine de sarrasin, œuvres d'artisanat, etc.). Cela revient environ à 12 $ par adulte et à 10 $ par enfant. Alors, à vos patins ! Et n'oubliez pas votre appareil photo pour immortaliser cette journée.

Pour de plus amples informations, consultez le site Web du Domaine de la Forêt Perdue au www.domainedela-foretperdue.com.

Conclusion

Vous le savez maintenant : le traîneau à chiens ou la pêche sous la glace ne sont pas des activités réservées aux touristes en mal de grands espaces ! Bon nombre d'entre-nous croient bien connaître le Québec, mais, trop souvent, nous faisons les mêmes activités et visitons les mêmes régions. Et pourtant, il y a tant à découvrir ! Pensons seulement à tous les festivals, films, livres et spécialités culinaires qui s'offrent à nous.

Lorsque l'on prend conscience de tout ce qu'il y a à voir, à faire et à déguster au Québec, on doit se rendre à l'évidence : nous n'avons rien à envier à personne ! Nous avons une culture foisonnante, une cuisine en pleine évolution et toujours fière de ses origines, des panoramas à couper le souffle, de nombreux festivals... Tout pour s'en mettre plein la vue !

Au terme de votre lecture, pourquoi ne pas partir à la découverte des trésors de notre belle Province pour y goûter les spécialités locales et y faire des activités uniques. À moins que vous ne préféreriez rester à la maison en compagnie d'un bon film ou d'un livre. Quoi que vous choisissiez, vous ne manquerez plus d'inspiration !